假說思考

培養邊做邊學的能力，讓你迅速解決問題

The BCG Way

The Art of Hypothesis-Driven Management

內田和成
（Kazunari UCHIDA）

林慧如——譯
徐瑞廷——編審

經營管理 71

假說思考
培養邊做邊學的能力，讓你迅速解決問題
（原書名：假說思考法）

作　　者　內田和成（Kazunari Uchida）
譯　　者　林慧如
編　　審　徐瑞廷
責任編輯　文及元 、林博華
行銷業務　劉順眾、顏宏紋、李君宜
總 編 輯　林博華
發 行 人　凃玉雲
出　　版　經濟新潮社
104台北市中山區民生東路二段141號5樓
電話：(02)2500-7696　傳真：(02)2500-1955
經濟新潮社部落格：http://ecocite.pixnet.net
發　　行　英屬蓋曼群島商家庭傳媒股份有限公司城邦分公司
104台北市中山區民生東路二段141號11樓
客服服務專線：02-25007718；25007719
24小時傳真專線：02-25001990；25001991
服務時間：週一至週五上午09:30~12:00；下午13:30~17:00
劃撥帳號：19863813　戶名：書虫股份有限公司
讀者服務信箱：service@readingclub.com.tw
香港發行所　城邦（香港）出版集團有限公司
香港灣仔駱克道193號東超商業中心1樓
電話：852-25086231　傳真：852-25789337
E-mail: hkcite@biznetvigator.com
馬新發行所　城邦（馬新）出版集團Cite (M) Sdn Bhd
41, Jalan Radin Anum, Bandar Baru Sri Petaling,
57000 Kuala Lumpur, Malaysia.
電話：603-90578822　傳真：603-90576622
E-mail: cite@cite.com.my
印　　刷　一展彩色製版有限公司
初版一刷　2010年7月6日
二版六刷　2017年12月12日

城邦讀書花園
www.cite.com.tw

ISBN：978-986-6031-50-2

售價：360元
Printed in Taiwan

〈出版緣起〉

我們在商業性、全球化的世界中生活

經濟新潮社編輯部

跨入二十一世紀，放眼這個世界，不能不感到這是「全球化」及「商業力量無遠弗屆」的時代。隨著資訊科技的進步、網路的普及，我們可以輕鬆地和認識或不認識的朋友交流；同時，企業巨人在我們日常生活中所扮演的角色，也是日益重要，甚至不可或缺。

在這樣的背景下，我們可以說，無論是企業或個人，都面臨了巨大的挑戰與無限的機會。

本著「以人為本位，在商業性、全球化的世界中生活」為宗旨，我們成立了「經濟新潮社」，以探索未來的經營管理、經濟趨勢、投資理財為目標，使讀者能更快掌握時代的脈動，抓住最新的趨勢，並在全球化的世界裏，過更人性的生活。

之所以選擇**「經營管理—經濟趨勢—投資理財」**為主要目標，其實包含了我們的關注：「經營管理」是企業體（或非營利組織）的成長與永續之道；「投資理財」是個人的安身之道；而「經濟趨勢」則是會影響這兩者的變數。綜合來看，可以涵蓋我們所關注的「個人生活」和「組織生活」這兩個面向。

這也可以說明我們命名為「經濟新潮」的緣由——因為經濟狀況變化萬千，最終還是群眾心理的反映，離不開「人」的因素；這也是我們「以人為本位」的初衷。

手機廣告裏有一句名言：「科技始終來自人性。」我們倒期待「商業始終來自人性」，並努力在往後的編輯與出版的過程中實踐。

作者序

「波士頓顧問公司（The Boston Consulting Group，以下簡稱ＢＣＧ）的企管顧問工作效率很高」，曾有客戶如此誇讚。

當時我所想的是，企管顧問平時在分析能力與邏輯思考能力方面訓練有素，再從性質相近的工作中累積豐富的經驗，而成就了高度的工作效率。

可是，仔細觀察周遭同事的工作情形之後，我發現分析能力高超的人未必就能成為優秀的企管顧問。有些頂尖的企管顧問，分析能力卻只是差強人意。但是，整體來說，優秀的顧問總能夠比別人早一步看出問題所在，或是能迅速提出解決方案。看來，問題似乎不在分析能力或資訊蒐集能力等技術層面，而在於思考模式與工作方式的差異——這也讓我的想法從此改觀。

回顧菜鳥時期的自己，當時的我，人稱「小處著眼的男人」，善於分析細節、動腦也快，不時有好點子。然而，對於重要工作，亦即身為企管顧問的重責大任——全盤掌握解決問題的核心關鍵，卻總是使不上力。資料只要蒐集得到我從不放過，分析也比別人加倍用心，無奈分析結果總是派不上用場。於是乎，我陷入一種得更賣力蒐集資料，更徹底分析的惡性循環當中。要掌握問題核心，總得耗費漫長時日，甚至有時在逼近問題核心之前，早已超過期限。

將筆者從這個惡性循環解救出來的是，資深顧問所教給我的「假說思考」。所謂「假說」（hypothesis），是指蒐集資料過程、著手分析之前的「暫時性答案」。「假說思考」也可說是一種思維模式或是習慣，從資訊還相當有限的階段起，就不斷思考問題全貌與結論。這個詞語或許各位讀者聽不習慣，其實，除了BCG以外，整個企管顧問界幾乎都如家常便飯般地用著「假說」一詞。討論事情的時候，往往東一句「你的假說是什麼？」西一句「我的假說是……」等等。

我發現實行假說思考時，不可思議地工作進行得很順利，正確性也大為提高。而漫無目標的資訊蒐集方式，不僅會拖累工作進度，更無助於提高正確性，反而被資訊洪流淹沒。

或許有些讀者認為，那是經驗豐富的企業人士或訓練有素的企管顧問才具備的本事，自己怎麼可能辦得到！不過，在我看來，「不具豐富經驗或企管顧問的工作經驗，就無法培養及早獲致結論的思考能力（假說思考能力）」，這種想法只要一天不根除，就永遠不會進步。假說思考是一種「邊做邊學」所培養出來的能力。

剛開始時，所建立的假說未能切中核心乃是家常便飯。可是，人類就是如此有趣，懂得從失敗中記取教訓，會去思考為何失敗？為何不順利？下次該在哪個環節進行修正，或是採用別的做法，在嘗試錯誤的過程中不斷進步。隨著失敗經驗的累積，假說思考得以持續進化。

希望本書能夠給予工作經驗尚淺、效率欠佳、判斷力不足者，甚至具有相當豐富的工作經驗卻苦無前瞻力或決斷力，並且希望能進一步提升領導力的主管些許幫助。

二〇〇六年三月

內田　和成

目錄

假說思考

The BCG Way——The Art of Hypothesis-driven Management

作者序 5
推薦序 假說思考——前景不明之中，決策依然維持高品質的關鍵能力／耐迪賢 19
推薦序 學習決策的訣竅／許士軍 23
推薦序 贏家的思考法／葉明桂 27
序 章 什麼是假說思考？ 31
1 資訊夠多，就能確保決策正確？ 32
2 及早建立假說，工作才能順利進行 33
3 當下時點「最接近答案」的解答 34
4 如何培養假說思考力？ 35

第一章

首先，要建立假說 37

1 為何需要假說思考 38
解決問題的速度倍增／一看就知道答案是什麼／結合得自第一線的刺激與過往經驗

2 前瞻力與決斷力的堅強後盾 44
前景不明的情況下，職場工作者需要哪些特質？／歐夫特魔法源於假說思考／天才棋士羽生善治，下手決定於一瞬間

3 面對資訊，捨棄重於蒐集 50
資訊過多反而延誤決策／漫無邊際蒐集資訊，無法付諸行動／低效率的窮盡思考／採取以執行為導向的方式向前邁進

4 假說思考有助於掌握全局 59
著手實驗之前，先提筆寫論文／從有限資訊推論全貌／錯誤的假說也有其效用／切忌死抱假說不放／分析能力在其次，假說思考

定高下／為期三個月的專案，兩星期內提出假說／掌握核心，工作就能得心應手 71

第二章 運用假說

1 以假說發現問題、解決問題 72
兼顧效率與效果的工作利器／發現問題的假說與解決問題的假說／鎖定問題／對具體因應對策提出假說／鎖定具體可行的對策／案例分析：挽救日本職棒的假說

2 假說、驗證的反覆循環 85
反覆過程中業務獲得改善／日本7-ELEVEn的假說與驗證體系／實驗次數愈多，假說愈加進化

3 洞察事情的整體架構 91
窺得全貌就少做白工／案例分析一：撰寫提升化妝品營業額的專案報告／案例分析二：高級加工食品業的競爭策略

4 發揮影響力的全盤思考 107
有效激發行動力／運用假說思考組織簡報／站在聽者立場，重新建立簡報內容的架構／從結論說起的簡報，有哪些優點與缺點？

第三章 建立假說 115

1 企管顧問想到假說的那一瞬間 116
在討論或訪談過程中醞釀假說／建立假說的方式，沒有標準答案

2 由分析結果建立假說 120
案例分析一：解讀非酒精飲料市場的消費曲線／案例分析二：解讀日本國內的汽車市占率

3 由訪談過程建立假說 126
案例分析：消費財廠商營收欲振乏力／從訪談中建立假說

4 有助於建立假說的訪談技術 132
首先，要確定訪談目的／實地訪談有如一座寶山／關鍵在於能否打破沙鍋問到底／問題進化，假說也跟著進化／務必撰寫訪談備忘錄

5 如何動腦以順利建立假說 141
刻意地「靈光一現」／方法一：對角思考／方法二：兩極思考／方法三：零基思考

6 好的假說有何必要條件？與不好的假說有何差異？ 154
條件一：能夠往下深究／條件二：與行動連結／建立好的假說，為什麼很重要？

7 組織假說 161
明確區分大小問題／案例分析：將業績低迷的原因架構化／透過驗證將假說去蕪存菁

第四章

驗證假說

169

1 透過實驗進行驗證 170

日本7-ELEVEn的實驗——高價御飯糰會暢銷嗎？／索尼（SONY）的消費者刺激型開發策略／市場測試法（test marketing）成效佳／實驗驗證法只適用於特定情況

2 透過討論進行驗證 179

成員與場所不拘／切記！公司內千萬不要怕丟臉／預想假說的深化與進化／向客戶提出假說前，要經過分析／有效討論的訣竅

3 透過分析進行驗證 187

分析的基本原則：先求有，再求好／分析目的有三個／先有假說再分析

4 定量分析的四種基本方法 192

方法一：比較差異分析法／方法二：時間序列分析法／方法三：

散布分析法／方法四：因數分解法

第五章 提升假說思考力 205

1 好的假說源於經驗所衍生的敏銳直覺 206
培養直覺？第六感？／訓練一：不斷思考「所以呢？」（So what?）／訓練二：反覆自問「為什麼？」（Why?）

2 透過日常生活反覆訓練 214
從每天發生的事情預測未來／證明自己不相信的假說是對是錯

3 在實際工作過程中進行訓練 225
戴上對方的眼鏡看事情／假設自己是主管

4 不要怕失敗——提升知的韌性 228
創造性愈高，失敗率愈高／在知的層面不屈不撓、愈挫愈勇

末章 總結本書 233

1 假說的功效——加快工作速度、提高品質 234
2 再怎麼感到奇怪，也要以結論為起點進行思考 236
3 從失敗中學習——萬一錯了，就從頭來過 238
4 把身邊同事、主管、家人、朋友當做練習對象 241
5 避免見樹不見林 243

後記 247

參考文獻 249

推薦序

假說思考——前景不明之中，決策依然維持高品質的關鍵能力

耐迪賢（Christoph Nettesheim）

二〇一〇年是充滿變局與不確定性的一年。許許多多令人震驚的事件、全球金融危機、歐洲的主權債務危機、在已開發國家與開發中國家之間快速發生的脫鉤（decoupling）效應，已完全改變了全球經濟成長的方向，已開發與開發中國家的市場均衡態勢，也產生了轉變。

這些事件的發生，使得對於如何成功經營企業、促進經濟成長、創造永續股東價值的傳統觀點，從根本上改變了。不論是各國人民、政府官員、立法者、學術界、投資人、企業高階主管，大家都想盡辦法尋找「一針見血」（silver bullet）的看法，以便理解這些事件的深層涵義，並對於未來的發展，也在尋找合理的解釋。因應這樣的需求，二〇一〇年一月召開的第四十屆全球經濟論壇（World Economic Forum）年會，即強調

並呼籲「改善世界現況：重新思考、重新設計、重建」（Improve the State of the World: Rethink, Redes nd Rebuild）。

但是，沒有人有水晶球可以預知未來。我們今日所面對的變化與不確定性，已對企業經理人造成前所未有的挑戰——他們必須在快速不斷變化的世界中，既快又有效地進行決策。

台灣的企業經理人也不例外，甚至其挑戰還更艱鉅。台灣與先進國家及開發中國家的關係都十分緊密，因此，它承受的經濟效應是雙方面的。以二〇〇九年來看，美國（全球金融危機的起點）是台灣的第三大貿易夥伴，佔台灣對外貿易總額的一一%；而中國，做為發展最快速的經濟體，也是全球第三大經濟體（經匯率換算），是台灣的第一大貿易夥伴，佔台灣對外貿易總額二〇%以上。隨著最近即將簽署的MOU（金融監理備忘錄）及ECFA（兩岸經濟合作架構協議），兩岸的經濟關係只會愈來愈緊密。由於全球金融危機的關係，二〇〇九年台灣經濟成長率為負一．九%，然而二〇一〇年第一季已快速彈升至一三%，最近也預測全年的成長率可達六%，其中，與新興國家的緊密關係為重要原因。在微觀的層面，大部分台灣公司是同時和已開發市場及開發中市場做生意——他們在像是中國這樣的新興市場生產商品，然後賣給歐美的已開發國家，因此是受到雙方面的衝擊。另一方面，其他的亞洲新興國家也緊抓住經濟動盪的機會，加速成長，在區域及全球層次上對台灣企業造成更大的競爭壓力。

當多數已開發國家的經濟仍在緩慢復甦，人們也還在爭論是否能繼續復甦之際，我認為台灣以及台灣的企業，擁有更多的機會，而不是面臨更多的挑戰。但是若要成功，台灣的企業經理人必須能帶領企業克服挑戰，並抓住這快速變化世界所展現的機會。因此，在諸多不確定性當中，能夠做出高品質的決策，變成是一項關鍵能力。

企業經理人究竟要如何因應各種不確定性，還有更重要的，要如何在不確定的環境中競爭？全球頂尖企管顧問公司——波士頓顧問公司（BCG，The Boston Consulting Group）的創辦人布魯斯．韓德森（Bruce D. Henderson），他也是舉世推崇的策略與競爭理論的思想家，在一九七〇年代時就對此問題提出了獨特的觀點，他說：「在不確定的經濟環境下，沒有什麼策略是非比尋常的，」關鍵是，「如何對於競爭的動態變化擴展洞察力（insights），在企業中創造出那種非連續的、突飛猛進的變革能力，就像以前人類飛行史大躍進一樣。」

ＢＣＧ的前合夥人內田和成先生，在這本書中提到的假說思考法，就是談在經濟環境不確定的時候，如何從複雜的、相互關聯的數據點（datapoints）中淬鍊出洞察力，以加快決策速度，並改善決策的品質。對於必須在不確定情況下進行關鍵決策的企業經理人來說，這本書來得正是時候，而且價值非凡。本書可以確實教導經理人去問最相關的問題、去找真正重要的問題做分析、並且以最有效率的方式運用資源。這本書也可幫助經理人在有限的資訊下，快速做出策略性決策。最後，它可以幫助你在不確定但充滿機會的時代，成為更有效能的經理人。因此，我非常高興看到內田和成先生的這本重量級、且具有遠見的書，能在台灣出版。我相信這本書能吸引許多對此主題感興趣、且勤於求知的讀者。

〔本文作者為波士頓顧問公司大中華區負責人（Head of BCG Greater China）、資深合夥人兼董事總經理（Senior Partner and Managing Director）〕

推薦序

學習決策的訣竅

許士軍

任何機構都需要管理，其中的一項主要功能，就是針對機構的發展方向、策略手段、人事安排與資源調配等方面做出選擇——在管理學中，被稱之為「決策」。決策並不等於管理的全部，但卻是其中最為核心的功能之一。

有關怎樣做到最佳決策，也自然成為管理理論和實務中受到最多重視與探討的一個課題。一般而言，人們總是傾向「鑑往知來」，希望從過去的歷史經驗中發現問題並且尋求解決方法。尤其，隨著數據資料的豐富化與分析技術的進化，更幫助人們埋首於從以往經驗中，找到問題出現的前兆和軌跡，並從過去的成敗經驗中，找到教訓以求應用。

另一條途徑，則是從已發生的問題中著手。根據已有的知識和邏輯，抽絲剝繭，企圖發現造成問題的各種主要原因或要素；然後，再針對這些原因或要素發掘解決方法。採取此一途徑，從邏輯上看似十分嚴謹周延。

這兩種決策途徑，不但被普遍採用，而且也被認為是十分科學的方式。然而，在現實狀況中，它們在實際應用層面卻是有其限制和困難。

如果採取「從過去的歷史經驗中發現問題」途徑進行決策，以今日世界變化之大，使得建立在過去系統上的種種關係和模式，早已失去其代表性和預測能力，循此途徑所做出的決策往往脫離現實。

倘若尋求後者「從已發生的問題中著手」的途徑，對於每日必須因應瞬息萬變日理萬機的經營者和顧問來說，將會有如夢魘。如同本書中所描述的：「把所有想像得到的問題都點列出來，傾注全力一個個查證，從各種角度加以分析，並且廣泛蒐集所有相關資料」，結果卻是「在釐清事情的本質上耗費了無數時間，卻又看不到成效。」

令人十分興奮的是，這本書告訴我們，怎樣跳脫上述困境的辦法——就是「假說思考」的訣竅。

所謂「假說」（hypothesis），就是針對問題以及解決辦法所採取的暫時性答案，採取此一方法進行決策，人們不必等待已蒐集和分析所有或大部分資料之後，才提出答案。

其實，所謂「假設檢驗」（hypothesis-testing），對於稍微熟悉科學方法的人都知道，本來就是科學研究中的一個最重要過程。對於學術研究而言，學者企圖自茫茫學海中發現新的知識、建立新的學說，基本上，絕對不可能「上窮碧落下黃泉」，進行無窮無盡的探索，而必須靠這條「假說建立與檢驗」的捷徑，使得此一捷徑被認為是人類探求知識的最偉大的一項發明。

同樣地，管理顧問面臨瞬息萬變與錯綜複雜的環境，也發現有賴這一條捷徑，才能克服「時間有限，資源有限」的難關，成為這些專業者的生存之道。這也就是像波士頓顧問公司或麥肯錫（McKinsey & Company），這類具有豐富經驗又十分務實的管理顧問公司，之所以能夠洞察機先、享有盛譽的原因。

當然，想要真正練就這一套功夫，也不是一件容易的事。書中也告訴我們，它絕對不是單憑「經驗法則」或「靈光一現」所能奏效。使用這套功夫，必須真正掌握「假說思考」的精髓，才能有相當信心和把握，得心應手做好決策——這應該是我們值得好好細讀這本書的理由。

（本文作者為元智大學講座教授）

推薦序

贏家的思考法

葉明桂

為了撩起您購買本書的興趣，在此不得不掀起裙角，露一腿以顯性感……想要窺得本書全貌，只有在您由旁觀者的身分，成為實際的購書者之後，自行熟讀探索……。

從事廣告工作二十七年，如果每年經手或參與五十個企劃案，就算其中有二五％是偷懶摸魚，如今也累積了超過一千個專案。在企劃的過程，需要運用一些思考工具來幫助自己快速進入，有效產出。

其中，假說思考正是最常用、最好用的邏輯思考模組。因而在此，向您大力推薦！

假說思考是以結論為起點的思考模式——從右腦大膽假設，由左腦細心求證。分為兩個先後階段：首先藉由假說找到真正的課題，再續用假說尋求解決課題的最佳答案或最適決策。

課題，是所有企劃的開始——不正確的課題，不可能有正確的解答；不實際的課題，再漂亮美麗的答案，也都是無用的方案。

根據我的經驗，想要找出正確又實際的課題，兼具效率與效果的思考方式，就是帶著隨時準備「粉碎自我」的假設，去請教與課題相關的高手與老手，並藉由訪談的過程改進並優化自己的假設。

在主動傾聽的過程中，要特別留意那些與眾不同的細節，「嗅」出這些地方有可能「稍有異狀」，並且從中追問一連串的「為什麼？」。同時，也別忘了詳加記錄自己與不同人士的訪談過程，以能比較其中的相異之處，進而自問自答「所以呢？」。接著，再將自己的無數假設，向有經驗的專家，不斷求證問題的所在，就會找到真正問題的癥結，形成一個可繼續思考的課題假說。

至於，如何解決問題的解答方法，則是運用各種不同的角度形成各種假說，從不同的消費群、年齡、性別、部門與競爭者的角度觀察相同的事物。例如從上司、部屬、同儕三個不同的角度思考解決相同管理問題的三種假說，從正面與負面兩個相斥的角度進行各種方案的假設。至於，如何檢驗問題的假設方案，基本上就是看能否說服自己，同時也能說服別人。

在許多驗證方法當中，我經常運用的是「比較法」，運用直覺選擇最可能的兩個解決方案的假說進行「ＰＫ」（player killing，一對一決鬥），或是相同的假說放進不同的情境比較，例如在淡季與旺季、在攻擊與防守、在左派與右派，或在最高點與最低點。當自己都說服不了自己的時候，就必須誠實面對，殺出認賠，從頭進行全新的假說。

先假設答案，再回頭檢驗「對錯」的思考模式，能避免陷入過多不相關資訊的干擾與影響，誤導出自以為是的不實課題與錯誤答案。

事先快速的假設，看起來毫無紀律，卻能有效率地過濾雜訊，同時也指引著到底要去找哪些資料才有用。與其漫無方向蒐集資料，不如先從建立假說著手，及早推論「答案八成是這個」的假說，做了再說、錯了再改，這才是兼顧紀律、效率與目標的思考法。

在今日世界快節奏的變化中，不僅是主管，就連基層工作者也被要求必須具備敏捷的決斷力與創新力。因此，此時此刻，若不精通假說思考，將如赤手空拳入深山，風險很大。而你的競爭對手可能正在運用三級跳躍式的假說思考法，只需要三分之一的時間，就能導出有效的方案，趁你還在漫無目的蒐集資料、苦思對策時，攻其不備、一舉擊潰；或早已預料到你的下一步是什麼，巧妙布局、守株待兔。

更重要的是，假說思考不僅省時，並且因為強迫自己必須提出假設，而刺激直覺潛意識，最後可以逼出突破性的想法。

經過嚴謹的實驗與檢驗，最終獲得的，往往是最實際、實用的行動方案。

最後，建議您，在讀過本書得到方法後，務必要實地演練、實際操作，才能悟出道理、反芻沉澱，讓假說思考法成為真正屬於自己的工作DNA。

（本文作者為奧美集團策略長、奧美廣告副董事長）

序章

什麼是假說思考？

The BCG Way—The Art of Hypothesis-driven Management

1 資訊夠多，就能確保決策正確？

職場工作者每天都在解決不同問題。「如何改善獲利？」「如何提高研發生產力？」「如何在全球化競爭中克敵致勝？」「如何活化企業組織」等等，企業所需面對課題不一而足。

職場工作者普遍相信資訊愈多，愈有助於做出好的決策，正確無誤的決策。因此，他們得要竭盡所能去蒐集資訊以判斷事情本質，而隨之浮現的問題為求得解答，又必須再次蒐集資訊，上述工作就這樣周而復始進行。

從某種角度來看，這和電腦棋局（computer chess）實有異曲同工之妙，先推算對局內所有可能變化，再從中選擇最優棋步。即使是電腦善於演算所有可能變化，但是，機器終究還是贏不了血肉之軀的棋王。棋王從豐富經驗累積而來的直覺與靈感是電腦望塵莫及的優點。就算電腦可以推算對局內所有可能變化，以目前電腦的演算能力來說，如果每下一步棋就重新推算所有變化，則終究無法在時間內完成推算，最後，機器敗給人類的直覺與靈感。商業實務也是同樣道理，如果人類採取和電腦一樣的策略，用那種凡事調查完備的方法做事，絕對不可能讓工作順利進行。

2 及早建立假說，工作才能順利進行

具體來說，一般常發生的情況是：廣泛蒐集資訊的過程中，時間迅速流失，導致最重要的決策往往迫於期限將至，而在「就這樣吧」的狀況下草草定案；或是正要進行決策時，才發現需要的資料不夠完整。因此，在有限的時間或資源限制之下，必須蒐集到許多資訊然後才找出答案的做法，是行不通的。

事實上，精明幹練的人通常比別人早一步提出答案。他們在資訊尚不充足或是分析未及完成的階段，就有自己的一套解答。**這種暫時性的答案，我們一般稱為假說**。愈早建立假說，後續工作愈能順利進行。說得更明白一點，工作效率高的人擁有與眾不同的思考模式，那就是即使資訊有限，但是能比別人更迅速而準確地看出問題點並提出解決方案。

反觀，效率不彰的工作者的共同點，就是沒頭沒腦地拚命蒐集資料。至於何者為因、何者為果，也說不出個所以然。總之，他們只要資訊不夠多，就沒辦法進行決策。

3 當下時點「最接近答案」的解答

本書一再出現的「假說」一詞，在企管顧問界可說是大家天天掛在嘴邊，不過一般人未必熟悉。不少人恐怕更得喚起學生時代做實驗或寫畢業論文時的回憶吧。

所謂假說，顧名思義就是「假設的說法」，在企管顧問界來說，是「未經證明而最接近答案的解答」。

說是解答，其實嚴格來說有時是指解決方案，有時則是指問題。商業實務不比學校，因為在學校，通常能夠清楚界定問題進而找出解答。但是，商業實務中，經常得從「確認究竟什麼是問題所在」做起。這個問題設定的步驟一旦出錯，就算所提出的解答再怎麼精闢，仍然無法解決問題。

這麼說或許讓人感到渾身緊繃起來，其實也沒什麼。對於「假說」感覺陌生的人，日常生活根本也不時運用到假說。就拿雨天的例子來說，很多人或許有過這種經驗吧，「下雨天一般人懶得出門，所以餐廳應該沒什麼人才對」，於是一家人出外上館子用餐。如果到了餐廳一看，店內生意冷清，那就代表自己的假說正確無誤，於是，下回就以「下雨天餐廳門可羅雀」這個前提做為行動依據。反之，去到餐廳，看到的也可能是完全有別於想像的高朋滿座景象。這種情況就證明原先的假說——「下雨天餐廳門可羅雀」是錯的，或許人同此心反而導致「下雨天餐廳門庭若市」，又或者「天候與餐廳生意無關」。這就是假說思考。

4 如何培養假說思考力？

運用假說的思考方法（以下簡稱「假說思考」）是職場工作者最重要的能力之一。培養假說思考有助於迅速、準確釐清問題本質，導出解決方案。

本書擬聚焦下列四點具體闡述。

1. 培養假說思考能力有何優點？
2. 如何建立假說？
3. 如何驗證假說，使假說得以進化？
4. 為提升假說思考能力，平時應有何作為？

當今，最大的風險是什麼都不做，如果要不斷蒐集資訊以增加選項，卻遲遲不進行決策，那是不行的。蒐集資訊並非要做到滴水不漏，而是在資訊有限之下，根據假說思考進行最適決策。憑藉有限資訊做出結論，乍聽之下似乎有違常識，然而，事實上唯有這種思考方式，才是在商業領域獲取成功的捷徑。

第一章

首先，要建立假說

The BCG Way—The Art of Hypothesis-driven Management

1 為何需要假說思考

解決問題的速度倍增

所謂假說思考，是指凡事以答案為起點的思考模式，也可說是在最短時間內找出最適解的方法。

我們在工作上，每天都得面對林林總總的問題。解決問題的當下，要徹底清查所有可能原因，並一一擬出對策，現實上極其困難。

當解決問題的時間受到限制時，採用上述方式處理工作，結果往往在未能達到成果的情況下，就已面臨最後期限。因此，預先將答案縮小範圍，亦即建立假說的重要性由此可見一斑。

工作進行的方式，最重要的是──以答案為起點。意思是先提出答案，而後透過分析加以證明；而不是將問題點分析過後，才得到答案。

企管顧問被公認為工作效率高超，事實上也是如此。不過，那並不是因為企管顧問天生擁有金頭腦，也不是因為他們腦筋轉得比別人快。

企管顧問的養成過程中，後天培養的假說思考方法，使他們解決問題的速度大幅加快。企管顧問被嚴格要求必須「擁有自己的假說」，同時也不斷面臨旁人質問：「你的假說是什麼」。那是因為經驗告訴我們，**以假說為基礎的具體行動，是以最短時間有效達成目標的方法。具體來說，建立假說讓該做什麼事情變得一清二楚，更能深入思考自己的論點。**換句話說，企管顧問之所以擁有高度工作效率，是出於對工作進行方式的了解。

在「作者序」的文章裏有提到，我自己也經歷上述的過程。我剛踏入職場時，被評為「小處著眼的男人」，善於分析細節，腦筋動得也很快，不時有好點子。但是，我卻始終無法有效掌握大方向與問題核心，例如，分不清楚重要問題的整體架構，什麼才是問題癥結，該從何著手以解決問題等我都束手無策，很容易陷入「見樹不見林」的狀況。那時候的我總是把所有想像得到的問題點列出來，傾注全力一個個查證，從各種角度加以分析，並且廣泛蒐集所有相關資料，導致在釐清事情的本質上耗費了無數時間，卻又看不到成效。甚至有時候在切入問題核心之前，就將時間耗費殆盡。我才深刻體會這樣下去不是辦法，做事方式必須有所改變。於是向資深企管顧問學習，隨著我學會假說思考的方法，遇到問題才開始能夠順利得解。

解決問題不是企管顧問的專利，職場工作者每天都有不同問題等待解決。如果遇到問題都得先徹底調查所有可能狀況之後提出解答，無論時間或資源都不允許。因此，「假說思考」對於所有職場工作者而言，都是一項重要技能。如果能在有限時間之內，憑藉為數不多的資訊求得最適解，工作得以順利推展的機率一定會大幅提升。

一看就知道答案是什麼

以下是企管顧問透過經驗累積，有效提升假說思考能力，達到在短時間內提出解答的例子。

假設有一個個案，企業領導者為業績低迷所苦，於是向企管顧問求救，希望能為業績低迷提出建議方案。關於業績低迷，往往可以想到許多理由，例如：產品力不如競爭對手、失去消費者的支持，或是品質發生問題導致失信於客戶、消費者，或是價格過高失去競爭力、廣告企宣出問題、業務體系有待檢討……等。除此以外，問題也可能出在企業領導者本身，或是產業整體的景氣衰退等。

對一個初出茅廬的顧問而言，如果沒能徹底檢視所有可能性，進而釐清真正原因的話，往往會覺得渾身不對勁。然而，隨著經驗的累積，要應付諸如此類問題，只要和經營者聊過，到產銷第一線看過之後，對於問題所在大概就能掌握七至八成。事實上，往往在專案正式開始之前，就知道答案是什麼。

例如，我們對於產業現階段處於成長期抑或邁入成熟期，全球市場上最近的潮流趨勢等，都已經有一定程度的認知，因此對於業績差是否受到產業整體變化的影響，就無需重新檢視。至於其他可能問題，究竟哪個才是真正元凶，則需視個別企業的狀況而定，通常必須經過一番詳細檢驗才能釐清。不過，隨著診斷個案的不斷累積，往往可以從一些細微之處當中，一眼看出問題的癥結。

例如，到公司參觀時，看到員工精神飽滿，產品存貨管理良好，沒有缺貨之虞，但是商品卻滯銷。這種情況，通常問題出在商品競爭力不足，被競爭對手打得落花流水。另一方面，有些情況乍看之下商品沒什麼問題卻滯銷，原因往往是通路策略失當，例如，定價策略錯誤或物流規畫不當等。諸如此類的情況，通常和企業主聊過，實地走訪企業之後，大概就能看出問題所在了。當然也有些時候，當企管顧問和企業主或總公司主管聊過之後，發現問題原來出在領導能力或管理制度。若有機會到總裁兼執行長卡洛斯・高恩（Carlos Ghosn）入主前的日產汽車（Nissan Motors）走一趟，對於這個說法更能感同身受。

結合得自第一線的刺激與過往經驗

只是，凡事很難論定唯一的原因究竟為何。即便如此，憑藉多年經驗還是能讓企管顧問一眼就看出問題癥結。當然，這絕不是毫無根據的憑空臆測，而是腦中原有的各個不同「抽屜」，在和企業主訪談、實地走訪企業的過程中，受到刺激而開啟了。換句話說，是經驗的累積與眼前所見所聞互相結合、得到答案，絕對不是單憑經驗法則或靈光一現。更正確地說，是現場的刺激與過往的經驗兩者交互作用之下，才得以找到答案。

當然，這些答案未必百分之百正確，出錯的可能性也不在話下。將成功或失敗的種種經驗全部加總起來，能讓我們的直覺變得更加敏銳——這可說是「假說思考」日積月累的成果。

2 前瞻力與決斷力的堅強後盾

前景不明的情況下，職場工作者需要哪些特質？

職場工作者必備的工作能力當中，首重前瞻力（意指洞燭機先、察知未來的能力）、決斷力與執行力等三大能力。

尤其企業領導者，處於能見度有限的經營環境當中，往往某種程度必須靠著預測未來的能力，日復一日從事決策與執行的工作。儘管前景不明，難以察知自家企業的未來，延至結果明朗時才進行決策，這是萬萬不可的事情。這麼做將導致企業被競爭對手遠拋在後，員工對企業前景感到不安。因此，以現有資訊預測未來的能力（亦即前瞻力），可說是領導者所需具備的首要特質。

即使具有預測未來的「前瞻力」，能否從事決策則是考驗人的勇氣，因為風險如影隨形。尤其當未來能見度愈低時，人愈惶惶不安。儘管如此，還是得自己做出最終決策，決斷力就是身為領導人的第二要件。

儘管決策權在於企業領導者，但是，組織若不跟著動起來，企業不會有所改變，遑論向前邁進。因此，動員組織的能力，亦即執行力的重要性可見一斑。

與今日同樣處於前景渾沌不明，對領導學需求甚殷的亂世之中，當時的普魯士（現在的德國）將軍卡爾．馮．克勞塞維茨（Karl Von Clausewitz）對於領導論的闡釋也與此如出一轍。他從普魯士與拿破崙交手的敗戰原因、拿破崙的沒落開始進行分析，研究戰爭的克敵制勝之道，與以政治目的為出發點的戰爭，其研究成果就是他過世之後，一八三二年所出版的《戰爭論》（*Vom Kriege*，繁體中文版由貓頭鷹出版）被稱為「西方軍事參謀必讀經典」。

克勞塞維茨書中對於不確定環境之下，組織領導人應有的作為，做了如下闡述：

「如果想要以精神戰勝無法預料的狀況，並且在綿延不斷的戰事中獲勝，必須擁有兩大特質。一是身處黑暗之中仍保有一線光明，持續探究真相的知性；二是朝此一線曙光向前邁進的勇氣。」

這兩項特質如果換個說法，就是前瞻力、決斷力與執行力。這三大能力當中，以前瞻力和決斷力兩者，與「假說思考」密切相關。換句話說，必須培養即使狀況不明，依然能夠前瞻未來、進而做出決策的習慣。

歐夫特魔法源於假說思考

說到以前瞻力著稱的領導人物，腦海中浮現的是一九九三年時，在世界盃足球賽亞洲區預賽擔任日本代表隊總教練的韓斯・歐夫特（Hans Ooft）。歐夫特用兵素有「歐夫特魔法」美名。話說他每每在開賽之前，對選手、眾家記者發表他對當天比賽過程與結果的預測，結果竟然每每一語中的。

關於「歐夫特魔法」的祕密，他曾在著作《日本足球的挑戰》（講談社出版）中提到。一九九二年皇朝盃（Dynasty Cup，二〇〇〇年起改為東亞足球錦標賽）足球賽對中國一戰，這場比賽對日本隊而言，是在對手主場的北京舉行。當時歐夫特對選手做了這樣的指示：

「比賽開始之後，中國隊會發動一輪猛攻。我們可能會落居下風，不過這段時間一定要撐過去。接下來，中國隊的攻勢就會趨緩。你們在上半場三十分鐘過後展開反擊、得分，讓上半場以一比零告終。到了下半場，中國隊會企圖扳回頹勢。因此，下半場的前十五分鐘你們也要緊緊守住。十五分鐘過後，直到下半場結束之前，你們要再攻下一分，結果以二比零獲勝。」

歐夫特的預測準確與否，幾個小時之後，得到所有在場人士的證明。歐夫特神準的預測讓眾人嘆為觀止，然而，歐夫特說這並非預測，而是科學。

其實，歐夫特事前已密切觀察過中國隊的出賽情況，對中國選手的特性瞭若指掌。他們各個體型優異，因此一旦讓中國隊打出氣勢，就很難力挽狂瀾。可是，只要能守住攻勢，則中國隊的氣焰就會逐漸消滅。歐夫特就是根據這種特性加以判斷，才會假設比賽將以二比零獲勝。

天才棋士羽生善治，下手決定於一瞬間

職業棋士羽生善治是眾所公認的絕世天才棋士，假設他投身商業領域，也極可能會大放異彩。

那是因為羽生善治是個善於假說思考的人。

他的棋風多元、對戰技巧多變，棋局結束前的神來一筆為他贏得「羽生善治魔法」的美稱。無獨有偶地，他和歐夫特同樣被歸類「魔法」等級，而他也同樣藉由著作《決斷力》（角川書店出版），揭開自己棋力的奧妙所在。

羽生善治認為下棋首重決斷力，也就是決策能力。儘管決策必然伴隨風險，還是要以「見招拆招」的態度果決落子。每一個當下，賴以決策的根據就是假說思考。

將棋（日本象棋）的棋局中，每一著棋都存在不下八十種的步法。然而，落子之前重點不在鉅細靡遺檢視所有可能性，而是首先捨去其中的絕大部分。要憑過去經驗在剎那間憑直覺排除八十種當中的七十七至七十八種，而保留剩下的兩、三種「看似不賴」

的可能性。

這就是所謂的「假說思考」——從八十個可能性當中，篩選出三個還不錯的答案。隨即將這三種步法套在腦中的模擬棋局進行檢驗。換句話說，大膽建立假說，「看似不賴」就出手，而非滴水不漏確認所有可能性之後才做決策。

羽生善治也說過：「直覺有七〇％的準確度」。他認為直覺是過去的對奕經驗累積，使潛意識產生「面臨這種情況時，應該這樣下」的念頭。他同時提到：

「為了做出最好判斷，資訊最好是多多益善？恐怕未必盡然。我認為這固然是棋局的迷人之處，可是隨著經驗的累積，可供參考的資訊也愈多，反而讓自己產生猶豫、擔心、害怕的情緒，使得思路陷入死胡同。下將棋如此，所謂思考力應該也是同一回事吧！」

將棋對奕的經驗移植到商業實務上也能適用——商業實務的領域當中，關於問題的原因與對策，同樣著重於先鎖定焦點、建立假說，而不是一一考慮所有可能性。這是本書開宗明義所強調的重點，而那是靠經驗培養得來的直觀能力，亦即憑直覺而來。

3 面對資訊，捨棄重於蒐集

資訊過多反而延誤決策

職場工作者（businessperson）若能養成假說思考的習慣，並且善加運用，則對於日常業務的運作至少會有三大助益。

其一，免於深陷資訊洪流不可自拔；其二，有助於解決問題；其三，能以全盤思考處理事務。總之，能藉此達到提高工作效率，改善工作品質之效。關於第二項，解決問題之際如何有效運用假說，留待第二章再談。先就免於深陷資訊洪流，並且能以全盤角度處理事務等項目進行解說。

首先，試著想想避免深陷資訊洪流一事。

工作上最攸關緊要的事莫過於決策。無論總經理、經理，或是組織領導者、業務承辦人，都必須面臨進行決策的關卡。至於決策所需的必要條件是什麼？要掌握什麼重點？針對這個問題，多數人的回答是「資訊」。

其實，那是錯覺。確實，某種程度你會需要資訊，然而，資訊愈多、愈能做出萬無一失的決策，則是一種錯誤的認知。

資訊理論的領域，通常以「熵值」（entropy，「熵」音「ㄉㄧ」）高，表示不確定性高的情況。換言之，當新資訊的增加降低了不確定性時，則熵值變小。

例如，宴請客戶時為了該選擇日本料理或法國菜而舉棋不定。這時候，假設你獲知「客戶老闆喜歡法國菜」或是「對方隔天已排定日本料理的行程，再選日本料理的話，將連續兩天吃同樣口味」之類的消息。由於，這類資訊有助於在日式與法式料理中刪除其一，因而決策將變得簡單。這是熵值明顯變小的一個例子。

反之，倘若和人討論之下得到的訊息是：「現在不流行吃壽司、天婦羅之類炸物了。推薦你一家義大利餐廳。」則熵值變大，決策變得更為困難。

換句話說，進行決策之際，唯有能幫助你縮小目前選擇範圍的資訊，才算是有用的資訊。企業決策也是同樣的道理。例如，制定新產品的行銷策略時，假設你要從電視、報紙、雜誌等廣告媒體當中，從各種角度進行篩選，最後你在報紙、雜誌廣告之間舉棋不定，不知該選哪一種。這時候，「或者，還是選電視廣告？」之類的意見將使策略重回原點，造成策略執行上的延誤、混亂。亦即所謂的熵值上升。說句題外話，有很多主管總是天馬行空、突發奇想，將部屬們正在進行中的工作重新歸零——偏偏這種主管為數不少，身為他們的部屬將會很辛苦。

相形之下，「這項商品的主要使用者是二十至二十九歲男性，他們幾乎不看報紙，但對自己感興趣的事情，則是認真到買雜誌來仔細拜讀的程度」，這種意見就有助於剔除報紙媒體的選項。換句話說，從熵值降低，確定性增加的角度來說，這是非常有用的訊息。

漫無邊際蒐集資訊，無法付諸行動

企業進行決策之際，漫無邊際的蒐集資訊是明顯的錯誤。

隨著企業營運活動的進行，資訊不斷大量產生。以自家公司的相關資訊為例，就有損益表、資產負債表、各分店的業績報表、月營收變動表、成本分析表等林林總總的報表。此外，還有競爭對手的業績、市場占有率等相關資訊、業界團體出版刊物、學術論文所提及的相關資訊等。甚至與客戶、消費者的訪談報告等，資訊亦是多如牛毛。

然而，這些資訊若以定量資訊用Excel處理，定性資訊用Word處理，再分別編製為厚重的報告，光是寫報告就足以人仰馬翻，何況結果往往沒有連結到實際行動，而流於毫無意義的報告。更有甚者，還可能成為延誤決策的元凶。

一般來說，企業通常傾向於竭盡所能大量蒐集資訊，再進入決策層面。於是，上至經營階層、下至小職員，一個個都成了「資訊雷達」（比喻隨時隨地蒐集資訊）。遺憾的是，這些企業的決策多半枉費時日，等到展開必要對策時出手已晚。要不就是蒐集新資訊的過程發現更多選項、發現過去所不知道的新事實，拖拖拉拉遲遲無法做出決策，這種情況也頗為常見。

為了加速決策的進行，蒐集資訊時，應抱持篩選現有選項的態度去做。決策時間有其限制，即使企業想把決策點延後到無懈可擊的答案現身那一刻，競爭對手早已先發制人。因此，關鍵就取決於企業如何憑藉有限資訊進行最適決策。

什麼都不做，會形成巨大的風險——身處於這種情況下，哪還能夠漫無止境蒐集資訊擴張選項、延誤決策時點？因此，絕對不要企圖張開天羅地網蒐集資訊，重要的是根據有限資訊，以假說思考進行最適決策。

低效率的窮盡思考

然而，事實上絕大多數的人，都是從想像得到的各個層面，著手調查與分析，再根據結果做出結論，在考慮或分析完所有情況之前，不會做出決策——這是所謂的窮盡思考。與假說思考的最大差異是，無法在事發之初掌握事件全貌。

首先，窮盡思考會從已知資訊針對部分問題做出結論，再以此為基礎擴增新資訊、新分析而導出新的結論，同時為此一事件擴增新的情節。同一過程周而復始的進行過程中，事件的來龍去脈愈來愈清楚，最後終於拼湊出完整面貌，而導出問題的解決方案。

由於這是一種累進型思考，一旦推演過程某一次的結論出了問題，則以此為基礎進行的次級推論，也會連帶出錯。因此，必須盡可能大量蒐集證據、資訊，以求在每一層級都正確無誤推演結論，在此前提下，一步步拼湊出事件全貌。

由於必須盡可能蒐集資訊，多次進行分析，常常會衍生耗費時間的缺點。例如原先規劃限期三個月或六個月之內，發現問題並提出解決方案的計畫，在窮盡思考之下，可能會發生缺乏效率，甚或無法如期完成的結果。再者，執行專案也因為非到收尾階段，無法掌握事件全貌的關係，導致企業面臨一個很大的風險——即使屆時發現重點，想進一步深入探討也苦無時間，甚至發現錯誤卻只能徒呼負負。

令人意外的是，愈是匯集優秀人才的企業，就好比那些傳統大型企業，愈是傾向於窮盡思考。凡事講究立論根據的結果，會導致決策費時，或造成對別人的提案總是先從批判、挑剔角度切入的結果。雖然當事人不見得是出於惡意，可能只是求好心切，如此一來反而更是壞事。從事企管顧問過程，每每讓筆者感覺「這家企業不太妙」的多半屬於這一類型。

採取以執行為導向的方式向前邁進

一般來說，窮盡思考型的企業常見以下現象：

例如，有一家從事製造業的公司為搶救業績，決定重新規劃營運策略。此時，他們打算從清查所有問題做起。從牽一髮而動全身的大問題，到解決與否無關痛癢的芝麻綠豆小問題。例如，產品開發的相關問題、申請專利數、競爭對手產品的規格（性能）比較、生產成本、庫存數量、產品品質等問題，還有廣告宣傳的內容、通路的促銷費、業務代表的人數與資質、ＩＴ的投資金額與效果、甚至組織等問題，都全部列出。

其次，該公司欲將所有問題排列順序。務求釐清個別問題對於業績慘澹所造成的影響程度如何，以及各要素之間的關係。不僅如此，對於問題的剖析與追根究柢，簡直到了欲罷不能的程度。

上述問題全面徹底剖析之後，恐怕會超過期限。更何況商業實務豈是凡事都像數學公式一般，能將彼此關係交代得清清楚楚？

而在解決方案方面，當然，同樣得針對所有問題一一提出多項改善對策。於是，針對這十幾個問題，合計就得提出三十餘項因應對策。除了執行起來困難以外，逐一解決所有問題時，也難有充分的時間與資源可運用，結果當然是成效不彰。

這就是窮盡思考的最大缺點。有效率的做法，不是上述的窮盡思考法，而是把焦點鎖定在幾個各有對應解決方案的問題（假設），並將全副精神用於驗證。當然，或許不是每項問題都能找出解決方案，即便如此，企業營收仍能及早獲得改善。如果，執意等待所有問題整理完成再提出對策，則足足得拖上一年半載不說，東討論西檢討的過程中，大環境又逐漸改變，引發新的問題。換句話說，這樣下去業績低迷的問題永無解決的一日。

請想像調整高爾夫球揮杆姿勢的情況。如果要同時針對頭部、肩膀、腰部、握杆、手腕動作、重心移動、屈膝方式、再到揮杆路徑等一次徹底調整的話，結果恐怕是不盡理想。徒勞無功之餘還可能變得四不像。與其如此，還不如一次只調整一個部位，等熟練了再調整另一個部位，這樣反而能更快調整好。

經營企業也是同樣的道理，相較於多管齊下，不如把焦點集中在非改不可的某一點

確實改進，這樣反而更有成效。

簡單來說，窮盡思考是對事物未全盤了解，就無法向前推進的人所慣有的思考邏輯。如果說凡事窮其究竟，現實上有所困難，那麼，既然已經拚命到這個地步了，無法繼續深入也是沒辦法的事！時間不夠也非我所願意——以上就是那些幫自己找藉口的人慣有的思維方式。

無庸置疑地，商業實務不存在所謂客觀的解答；如果有的話，那麼成功將永遠歸屬經營資源得天獨厚的奇異（GE）、豐田汽車（Toyota）、微軟（Microsoft）之類的大企業。凡事都是相對的，己方採取某一行動，則對手也會有所因應。在此前提下，重點不是像做數學習題一樣，務求其解；而是去推測當自己採取某一行動時，客戶、消費者將有何反應，而競爭對手又會如何因應。因此，應該以執行為導向，決定自己的行動方案。換句話說，就是採取從假設性答案切入的途徑，並且推測對手的因應措施，在腦海中驗證假說。

4 假說思考有助於掌握全局

著手實驗之前，先提筆寫論文

前些日子，《日本經濟新聞》〈我的履歷〉專欄，連載國際知名的免疫學權威學者石坂公成的自傳，內容頗富深意。石坂擔任美國加州拉荷亞過敏與免疫研究所（LIAI，La Jolla Institute for Allergy and Immunology）名譽所長，當他擔任美國加州理工學院（California Institute of Technology）化學系研究員時，他的老師丹．坎培爾（Dan H. Campbell）說了一句讓他大感錯愕的話：「著手實驗之前，先提筆寫論文」。石坂教授在《生命誌》季刊中憶及這段往事。

「我曾隨口提到想進行某某實驗，沒想到老師竟然說：『實驗之前，先把論文寫好！』我直覺以為這應該是開玩笑吧？不過，據說以系統化的方式解析抗原結構與變異性之間關係的諾貝爾獎得主卡爾．蘭德施泰納（Karl Landsteiner）——他一直以來都這麼做。老師認為當時的我應該可以做到，逼不得已的情況下，我只好奉命行事，根據自己的預測寫下論文，然後著手實驗。沒想到，還真的得到相當大的啟示。基於先寫論文再做實驗的關係，為導出結論而進行的對照實驗能夠充分做足，因此，即使結果不如預期，實驗也不會是白忙一場。當時研究抗原與抗體的結合物算是熱門領域，大型研究團隊的緊追不捨，讓我們處於後有追兵、輸不得的狀況。總歸一句話，坎培爾老師教了我一套如何在工作上軌道時，甩開競爭對手的方法。

承蒙老師如此的指導方式，我發現抗原抗體結合物雖然會引起白老鼠的過敏性皮膚反應，然而，一分子的抗體與抗原結合並不會產生活性，唯有兩分子的抗體與同一抗原結合時才會產生活性。同時，我也發現活性產生與否，與抗原的化學性質並無關聯，而是取決於抗體的性質（種類）。這套清晰明快的指導方式，讓我得到了清楚明確的成果。」（本文出自《生命誌》第三十五期 Scientist Library 石坂公成〈揭開免疫與過敏的

面紗：背離常識的現象中隱藏著未知的事實〉）

無論是免疫學，還是其他領域的所有學問研究也好，首先都是從大量的實驗著手，接著將實驗結果多面向進行分析，進而彙整成一篇論文——這是一般的做法。

然而，事實上這是人們經常不自覺掉入的陷阱。一般來說，我們通常會根據分析結果來推導結論。然而，這並不會讓我們找到答案，事情真相也往往看不清。

蘭德施泰納與石坂撰寫研究論文的方式則是——首先建立「答案八成是A」的假說，同時刻劃事情全貌，爾後透過實驗進一步驗證假說的正確性——這種方式與一般做法正好相反。

這段故事讓我深深感覺，假說思考是一種能夠跨領域廣泛運用的思考模式。

從有限資訊推論全貌

假說思考讓我們能夠單憑手中僅有的少量資訊，即可在早期階段勾勒事情全貌。讓我們即便處於證據不夠充分的情況，仍能推論事情的來龍去脈：「真正的問題出在這裏，答案應該是這麼一回事」。

具體而言，第一步是推論整件事情的架構。例如：「現狀分析過後應該會得到……結果，其中問題關鍵應該在於……。針對分析結果，可以考慮幾項策略，而最有效的應該是……。」換句話說，要在還沒有進行透徹分析、證據也不充足的階段進行這些事情。

換言之，就是一舉切入問題的解決方案、策略，進而勾勒事情的整體架構。如此一來，在某些環節證據充足，而絕大部分付之闕如的情況下，就從該處開始著手蒐集證據。此時，只要針對自己所勾勒的事情整體架構——亦即假說，蒐集所需證據來加以驗證即可，無需浪費時間在多餘的分析、資訊蒐集上，效率自然而然大幅提升。

這種做法在某些人看來，會擔心「在可能性眾多的階段，就大膽論定整體架構，難道不會忽略某些重點，而導致結論錯誤嗎？」這是杞人憂天。假設那種情況真的發生時，在開始蒐集證據以證明自己的推論是否正確的階段，就無法找出支持假說的證據。因而，立刻就會發現自己所建立的假說有誤。由於，錯誤得以早期發現，因此也有餘力得以修正方向。

因此，最具效率的方法是運用假說思考，首先憑藉自己所具備的一定認知去勾勒事情的整體架構，接著驗證自己的假說正確與否，一旦發現錯誤立即修正方向，再重新架構。

經驗不足的情況下，要想憑藉有限資訊去勾勒事情的整體架構，往往是心有餘而力不足。儘管如此，一旦養成假說思考的習慣，就自然而然能夠做到，連帶大幅提高工作效率。

事實上，決策速度快，能彈性因應環境變化的企業，多半採用假說思考的工作方式。他們以「做了再說、錯了再改」的想法，先從建立假說著手。同時，他們認為要追求效率，得在掌握事情到某個程度的階段，就著手實行並加以驗證，而不是事前針對假說進行徹底調查，如此觀念不僅止於個人層級，更已經完全深入整個組織內部。這種模式不斷循環的結果，會使得假說的精準度與執行速度都大幅躍進。

錯誤的假說也有其效用

儘管，出錯機率會隨著經驗累積而逐漸下降。可是，工作進行到一半，才發現好不容易建立的假說根本是錯的，這種情況其實是司空見慣。另一個常見的情況是，初期還沒養成假說思考的習慣時，往往發現原本自信滿滿的假說竟然存在若干誤差，甚至完全錯誤。接著就來談談諸如此類的情況該如何看待？

首先，如果你問我是否也會出錯？答案是常常發生。只不過，幾乎不曾犯下致命性錯誤。這應該要歸功於經驗吧。另一方面，假說出現小失誤乃是常有的事，一旦發現錯誤，以平常心看待、記取教訓改掉錯誤即可。再者，我也常提出別人料想不到的大膽假說，只可惜，目前為止看來錯誤率似乎還是高於正確率。

另外，也常有人問及，萬一過了一個月才發現假說有錯，得重新另起爐灶，那豈不是一個慘字？首先我要說，整整一個月的時間，都在一個錯誤的假說上打轉，這種例子實在是少之又少。

當假說大幅偏離事實的情況，例如，企業面對營運績效不彰的事實，原本問題出在行銷部門的商品企劃，卻誤把責任歸咎於業務部門的推銷力度不足，並據此建立假說。這類情況通常會從訪談業務單位與客戶，或是分析強迫推銷的金額對企業整體營收、獲利所造成的影響等做起。因此，在這個階段就能馬上發現光是強迫推銷並不足以解釋整體營運不善的問題。到此為止，應該頂多不過一、兩個星期的時間。因此，只要發現錯誤的當下重擬新的假說就好。通常在原先假說被推翻之際，新的假說往往已經逐漸浮出檯面，因此不至於造成太大損失。

情況較輕微的假說錯誤那更是稀鬆平常。這麼說來，說不定採行窮盡思考方式反倒較快？其實不然。

舉例來說，假設總計面臨一百個大大小小問題的情況，即便前兩三個假說出了錯誤，只要第四個最後能導出正確答案，還是遠比從頭到尾考慮一百個問題要來得快速許多。這就是知名將棋棋士羽生善治所說的，八十種可能的棋步當中，值得好好考慮的只有兩三種，兩者完全是同樣的道理。

那麼，假設當初建立的重要假說，一個月後被全盤推翻，這種情況該怎麼辦？儘管這種情況並不常見，不過無論在企管顧問工作或平常的商業實務來說，都不無可能發生。

即便如此，我還是敢斷言——假說思考比窮盡思考來得有效率。

例如，要在三個月內針對經營策略問題做出結論，並提出解決方案。常見的做法是，從本國經濟的總體面開始談起，接著是業者面臨的產業環境、公司的營運指標、競爭對手的動向，再論及消費者、客戶的問題意識，甚至公司產銷第一線所發生的問題點等，最後往往以一篇囊括所有問題點的大報告總結。可是，報告當中，分析往往流於表面；而且問題往往不分輕重一律輕描淡寫帶過。

相較之下，針對某一議題深入剖析的報告，不僅更有機會貼近問題本質，也更有助於經營問題的對症下藥。根據這種做法，即便一個月後必須另起爐灶，使得成果或許比不上從頭至尾都沒犯錯的情況；可是三個月後來看，必能得到優於窮盡思考的成果。

切忌死抱假說不放

話題轉向實行的層面。請問各位以主責者的身分建立假說的有多少？如果你本身就是老闆，在禁不起出錯的情況下，自是應該慎重進行判斷沒錯。只是，話說回來，能當上老闆的人，多半已經從經驗中練就建立假說的本事，因此，倒也無需過度擔憂。反之，如果你還只是個幕僚人員，那麼你真是太幸運了。因為你所建立的假說，無需從頭到尾憑一己之力進行驗證。只要在假說形成時，先說給身旁的人聽就可以了。當然，多少習慣於假說思考的人，可能會把對這個假說的直覺印象告訴你，接著還可能告訴你背後的原因。其中，或許有人會逼問：「你憑什麼這麼說？有什麼證據？」跟這種人多說無益，只是浪費時間。再者，就算你碰到的人對假說思考並不熟悉，只要能得到「說不上來哪裏怪怪的」、「那個不太對吧？應該是這個比較對喔」之類的回答，都算做到很棒的初步驗證。

假說的驗證工作進行到某種程度之後，若能聽聽主管、客戶的意見，例如某個地方不太合理，或是某個部分若從哪個角度來看，可能會得到相反的結果等，則假說將得到進化。如果提點你的主管或前輩本身善於假說思考，那麼，他們幫你完成修正後假說的可能性也不小。只要你記得一個重點，千萬別死抱著自己提出的假說不放，那就不用擔心出錯或思考不夠充分之類的事。

分析能力在其次，假說思考定高下

假說思考的概念尚未普及，相較之下，分析能力比較廣為人知。分析能力被視為職場工作者應具備的重要能力之一，也有不少人為提升自己的分析能力，而求助於學校教育、專業書籍。

然而，事實並非如此——哪怕你不擅長分析，只要懂得建立假說，就能夠在商場上立足。反之，如果不會建立假說，即使再怎麼擅長分析，終究成不了氣候。

分析，原本的作用在於加速決策的進行。倘若一碰到問題就立刻著手分析，將新資訊一個個接收進來，則很可能在資訊洪流中滅頂，這種做法是錯的。正確的做法應該是第一步先建立假說，認清問題所在，選擇與解決問題有關的分析，而後針對鎖定的範圍蒐集資訊。

為期三個月的專案，兩星期內提出假說

實行假說思考，可免於被資訊洪流淹沒，並且能從全盤角度思考，迅速而有效地解決問題。建議各位以這種思維方式來檢討工作之道。

例如，擬定專案計畫的進度時，如果按照表定計畫走，期限到達時正好達到目標，

這樣的進度表稱不上理想。應該在整個工作期間到一半之時，就做出大致結論，剩下時間則用來局部修正。採行這種思維方式，應有助於大幅提升工作品質與效率。

事實上，針對為期三至四個月的專案，我通常要求專案經理在兩星期內提出答案。儘管剛開始時他們通常面有難色，不過仍在兩星期內提出初步的假說。一旦養成這種習慣，兩星期內提出來的假說，與耗時四個月慢工出細活得到的答案，從大方向來看，兩者其實相去不遠。因此，兩星期內提出假說，有助於專案進行迅速且順利。剩餘時間可用於進行驗證、檢視、與客戶討論進而完全說服客戶等過程。想當然爾，工作品質提升之餘，計畫推動起來也更加得心應手。

掌握核心，工作就能得心應手

通常只要確實掌握大的架構，亦即事情的核心，則工作多半能順利進行。

舉例來說，企業進行改革之際，與其提出一、二十項個別解決方案或策略，不如規劃一個「本公司將推行以現金流量為終極指標的營運方式」之類的大方向來得有效。

舉一個公司內常見的實際案例——公司各部門分別設定目標，例如，業務部門設定為提高客戶滿意度、生產部門設定為改善品質、物流部門設定為存貨控管、研發部門設定為鎖定開發主題。儘管各部門提出的個別改革方案都很冠冕堂皇，然而，從公司整體角度來看，想要監控個別進展、橫向比較成果，並非容易的事情。相較於此，打從一開始就訂定「全體部門通力合作，以改善現金流量為目標」之類的核心架構，更能從全體朝同一目標展開行動的角度，將整體企業的步伐調整一致。就如營業據點隨時將店面庫存調整在合理範圍；會計部門盡力縮短應收帳款回收期間；生產單位竭力降低在製品庫存、原物料等，部門與部門之間可輕易藉由具體措施連結起來。而且，人人都能了解每項措施都是與改善現金流量直接相關。可想而知，這樣更能達到雷厲風行之效。

身處瞬息萬變的社會，工作效率左右職場競爭力。假說思考有助於迅速釐清理當應為之事，鎖定明確目的與目標、以專注的意識採取行動。養成假說思考的習慣，真的效用無窮。

第二章

運用假說

The BCG Way—The Art of Hypothesis-driven Management

1 以假說發現問題、解決問題

兼顧效率與效果的工作利器

「開發暢銷商品」、「打倒競爭對手」、「重振衰退的事業」……等，商業領域隨時存在各種考驗。企業面臨諸如此類考驗時，應該如何因應？

提出一例請各位思考——日本職棒瀕臨衰退的危機，假設你在某個時點，受託接下「挽救日本職棒」的任務。你會提出什麼建言？容我稍後說明對這個問題的思考方式。

如前所述，著手解決商業領域的種種問題之際，針對問題本質及其對策，要想將所有可能性鉅細靡遺分析，實非容易之事。任何工作都有時間限制，因此，欲將所有可能狀況全部調查清楚再提出答案，無異天方夜譚。正因如此，以答案為思考的起點，亦即建立假說的重要性可見一斑。與其滯留原地進行窮盡思考，更重要的是以概略的答案，付諸行動。

這就好比醫師看診的情況。假設來了個腹痛的病患。腹痛原因可能出於暴飲暴食，也可能是盲腸炎、胃潰瘍、胃癌所導致。甚至，也不乏病人本身以為是肚子痛，實際上卻是膽結石的狀況。如果問題在膽結石，開胃藥給病人也無濟於事；如果問題出在胃癌、胃潰瘍，病人需要的不是藥物而是手術，對症下藥才是正確的處理方式。話雖如此，如果每位病人都先進行全身檢查，而後才予以治療的話，不但緩不濟急，還可能因此延誤病情，造成病況惡化。因此，醫師面對腹痛的病患，通常是從其症狀推斷「可能是飲食過量所引起」、「可能得照個X光」，或是「先照個膽囊超音波看看」等。換句話說，針對問題建立假說，再依此進行檢查。

因此，建立假說是讓工作有效且具效率的利器。

發現問題的假說與解決問題的假說

以下來談談假說思考如何運用在實際工作中。

假說思考對於確認真正問題，擬定解決方案都有極大助益。

事實上，解決問題之際，會運用到兩階段的假說：用於確認問題所在的「發現問題的假說」，以及用以解決具體問題的「解決問題的假說」。

如果問題從一開始就很明確，那麼只需要設想解決方案，從「解決問題的假說」開始著手即可。然而，實際上商業領域的問題，往往問題本身不甚明確，在這種狀況下，首先得從「發現問題的假說」開始。也就是說，認識問題，確認問題所在，這是解決問題的起點。同時，要去探討所引發現象背後的真正原因。即使所處理的是一個表面現象，若無法判別其根本原因，則難保日後不會重蹈覆轍。

請參考以下實例。

A公司的家電產品，處於市場需求存在，商品力亦不差的情況，然而，銷路卻始終打不開。

A公司的產品如何才能起死回生？

上述個案由於產品滯銷的原因不明，一定得從「發現問題」開始著手不可。發現問題若採取窮盡思考的途徑，則首先得進行許多調查。例如，消費者的購買行動、品牌認同調查、業務人員的活動分析、與競爭對手的商品力與價格競爭力比較、工廠的成本分析、通路的經營分析等。僅僅進行上述種種調查，就得耗費龐大的人力與物力，還得嚴防調查結束時，消費者需求已轉向下一代新商品的危險性。

根據假說思考的方式，首先得以「滯銷原因應該是……」為出發點去建立多項假說。具體來說，如【圖表2-1】敘述。

①問題出在產品定價比競爭對手高？

②問題出在促銷方法？

③問題出在銷貨通路？

如果以窮盡思考的方式進行，洋洋灑灑列出一長串問題也不足為奇。另一方面，假說思考是把範圍鎖定在少數幾個（以本例來說，是三個假說）可能性高的假說上。

【圖表2-1 「發現問題的假說」與「解決問題的假說」】

案例：A公司的家電產品滯銷原因及其對策

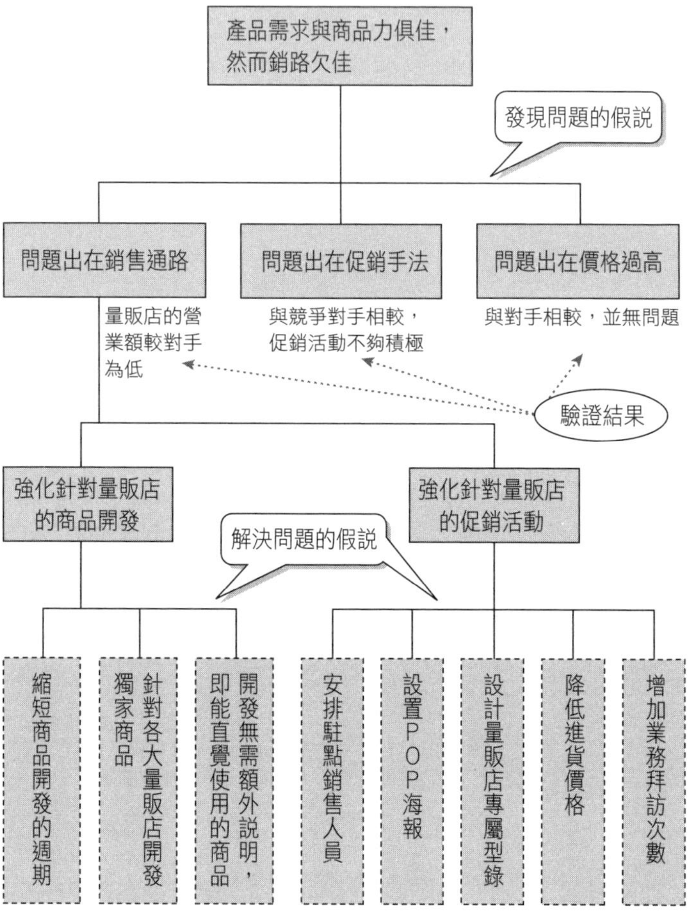

鎖定問題

接著，將可能的問題點——價格、促銷、通路等逐一進行調查，是為驗證假說。經過這個階段，了解到以下事實：

①價格與競爭對手相較，並無顯著差異

儘管個別店家標價高低不一，不過與競爭對手相較，價格方面並未處於劣勢。

②促銷活動較之競爭對手相對消極

電視廣告之類的大眾媒體曝光度並不亞於競爭對手。不過，店面進行的促銷活動、宣傳DM廣告等則不及對手。

③比較個別通路的營業額，其他廠牌以量販店營收占比最高，而自家公司則以傳統的「街上的小電器行」為主要營收來源。

實際到店頭走一趟，發現自家公司在量販店所陳列的商品數，明顯較其他廠牌為少。儘管在價位上各廠牌幾乎沒有差異，然而，請店員比較各個品牌的結果，多數量販店均選擇推薦其他廠牌。

以上驗證，告訴我們問題應該出在促銷、通路方面，尤其在通路的環節。

對具體因應對策提出假說

一旦確認問題所在，接著要針對解決問題提出假說。此時，重點在於如何以最少時間，將答案鎖定在質優而量少的幾個方向。

A公司的家電產品之所以銷路欠佳，問題被歸咎於通路。因此，策略的擬定就從該公司的弱點——通路著手，考量能有效提高在量販店營業額的策略。

此時，如果將有助於擴大量販店銷售情況的所有策略都列入考量並無不可。不過，暫時不考慮如此，直接針對解決對策提出假說。

舉例來說，有以下可能對策：

①強化對量販店的業務推廣

②研發在量販店專賣的商品

以此為出發點深入思考，關於「①強化對量販店的業務推廣」，可以發展出幾項具體對策的假說：

a提高拜訪量販店的頻率，將自家商品的優點充分傳達給店家。

b透過降低量販店的進貨價格，增加量販店獲利，為自家商品爭取獲得推薦的機會。

c製作量販店專用型錄，以強調自家商品無可取代的優點。

d為自家商品設置POP海報，當消費者進入賣場時能立刻吸引他們的目光。

e派遣促銷人員駐點，一方面支援量販店的營業活動，一方面在自然的情況下推薦自家商品。

其次，關於「②研發在量販店專賣的商品」，可以建立如下假說：

a與功能複雜的商品相較之下，量販店的熱賣商品更傾向功能陽春，無需多加說明的商品。因此，應針對這類商品進行開發。

b由於量販店之間競爭也非常激烈，應為個別量販店開發獨家商品。

c量販店的消費者多有喜新厭舊的傾向，因此應縮短新產品的開發週期。

鎖定具體可行的對策

接下來，進行假說的驗證工作。目前為止所擬對策能否發揮實際功效？從經濟面來看是否合算？要針對這些點，從量販店的優劣勢、競爭現況、投資金額、所需人力等觀點逐一驗證，衡量最後的解決方案。隨著假說、驗證的反覆進行，直覺會變得愈來愈敏銳，而能在最短時間內到達這個階段。

反觀窮盡思考的調查方式，工作量大幅膨脹不說，更糟的是，難保過程中不會淹沒在資訊洪流中，甚至造成因果關係混淆不清。最後工作變得像是為調查而調查，距離原始目的愈來愈遠。不說別的，光比較到此為止所耗費的時間，其間差距立見分明。為求答案正確無誤，廣泛蒐集可能資訊，再逐一檢視所有可能性——這種做法固然沒錯，然而，對於商業活動的實際運作而言，耗費的時間顯然太過奢侈。也因此，假說思考得以脫穎而出。

案例分析 挽救日本職棒的假說

還記得本章開頭所留下的題目嗎？如果你受託挽救逐漸走下坡的日本職棒時，該提出什麼建言？

發現問題——「衰退」定義為何？

首先，要從發現問題著手。所謂日本職棒逐漸衰退之說，究竟「衰退」的定義是什麼？

選手持續外流美國大聯盟？電視轉播收視率低迷不振？購票入場人數銳減？或是從商業觀點的營運虧損？

理所當然的，答案會隨著問題的定義而不同，然而，若將此全部列入考量，恐怕無法在有限時間之內解決問題。

在這種情況下，應與委託案主進行訪談，根據他們的問題意識，首先針對發現問題建立假說。在此將問題定義為「電視轉播收視率下降，導致電視的職棒人口加速流失。」

解決問題——思考對策

接著進入解決問題的階段。首先，針對收視率低迷的原因進行分析。是因為網際網路、手機的普及，使得電視收視率相對下降？還是其他節目的收視率維持平盤，唯獨職棒收視率下滑？答案指向後者。

根據這項結果，針對具體對策提出假說，以解決電視的職棒人口流失問題。例如提出假說——配合電視轉播修改比賽規則。

足球賽事一般轉播時間約為兩個小時，而職棒一打起碼就是三個小時，一旦進入延長賽更可能打得難分難解，完全無法預期結束時間。實在是極度不適合電視現場直播的運動項目。於是假設或許可變更比賽規則，將比賽終了訂在時間超過兩小時的那一局。

排球運動的比賽規則中，舊制規則常因發球權的你爭我奪，雙方遲遲無法得分，導致比賽時間嚴重拖延。隨著規則配合電視轉播進行修改，例如廢止發球權、比賽進入決勝局第五局時，如果前四局呈現二比二平手時，先獲得十五分並領先對手兩分的隊伍獲勝。不像前四局的規則，必須先獲得二十五分並至少領先對方兩分的隊伍獲勝。這兩個方法就已成功搶救收視率。另一方面，美國的熱門運動籃球、美式足球原本就採取時間限制，成為非常適合電視轉播的運動。

或者，如果想從增加轉播場次下手，那麼也可以考慮這項假說：免收轉播權利金。如此一來，即使球團收入會受到影響，然而由於電視台製播成本降低的關係，即使收視率低亦可維持轉播。於是轉播場次增加，而隨著場次增加，收看人數也跟著上升。職棒原本就不是單純的營利事業，原始出發點在於提升企業知名度與企業形象，亦即在於廣告效果。如果考慮到這一點，則免收權利金其實可說是非常實際的一項對策。電視台可以低價進行轉播，而球團母公司則可透過電視轉播達到廣告效果，雙方各蒙其利、達到雙贏局面。

另一方面，如果說過去球團只需達到宣傳效果即可，而現在則是營利事業的話，那麼追求盈餘將成為終極目標。如此一來，就必須從造成龐大虧損的人事費用，亦即球員年薪方面著手整頓。也必須學著將球團上下的總成本控制在球場收入的範圍內，即使不能再向電視台收取轉播權利金。

從上述思考過程可以知道，重點在於首先要鎖定問題。一旦鎖定問題，儘管相關主題龐雜，仍能掌握重點、扼要處理。與其說建立假說是一種思考問題、探索答案的過程，更貼切的說法應該是「**有效率地消去不重要的問題，或捨去對於解決問題無用的方法**」的過程。

2 假說、驗證的反覆循環

反覆過程中業務獲得改善

初次提出的假說，付諸實行之後就順利解決問題。情況若能照這樣發展，那確實是再好不過，只不過經常事與願違。

不管怎麼說，假說並非「正確答案」，而是「可能正確的答案」；更極端地說，就算錯了也不打緊。假說必須能透過某些動作進行驗證。經過驗證的假說將進化為更好、更精確的假說。我們也可以說在「假說→實驗→驗證」的反覆過程中，提高個人、組織的能力。而且，如果能把這個過程納入工作當中，各項業務推動起來將會更為順利。

例如，某位銷售汽車業務員提出一個假說：「一旦客戶的孩子大學畢業、結婚成家，可能出現新的購車需求。」於是，每當接獲客戶的孩子即將結婚的消息時，就前往拜訪一趟，以驗證自己假說是否正確。這個過程若能一而再重複進行，則假說的正確性會愈來愈高。然後，再根據驗證過的假說採取行動，購車的成交機率將大為提升。

日本7-ELEVEn的假說與驗證體系

將這種思維模式引以為企業經營之根本，而大獲成功的是日本7-ELEVEn。日本7-ELEVEn經常損益超過一千七百億日圓，營業利益率也超過三五%，營收、獲利雙雙稱霸超商業界。從消費者角度來看，7-ELEVEn無論從商品價格或商品齊全度來看，都與其他便利超商沒什麼兩樣，地點未必特別好。

儘管如此，日本7-ELEVEn還能創造如此龐大利潤，其原因究竟為何？那就是反覆進行「假說→實驗→驗證」的循環過程。該公司會長鈴木敏文常把這句話掛在嘴邊：「我們的工作，首要考量就是如何把東西賣出去。而第一步就是建立假說。」例如，這件商品現在是陳列在這裏，可是我們假設東西如果換到別的貨架時，可能會賣得更好，於是就實際動手把東西移過去。如果這麼做的結果賣得比之前好，那麼就表示假說正確；如果銷路變差，則重新放回原位，或者再想想別的做法，然後實際做做看、加以驗證。日常業務就在「假說→實驗→驗證」的過程中進行。

非酒精飲料的銷路，是看商品齊全度，還是陳列位置？

舉個稱不上新鮮話題的例子。日本7-ELEVEn曾有過這麼一個假說：面對種類繁多的汽水、果汁等非酒精飲料，消費者是不是眼花撩亂找不到自己想買的商品？過去的做法是，每當非酒精飲料有新產品問世時，就本著「商品愈齊全，銷路愈好」的想法，盡量將所有品項都上架。然而，隨著非酒精飲料種類暴增，他們轉念一想，面對琳瑯滿目的商品，消費者是否反而找不到真正想買的東西？消費者是不是被淹沒在資訊洪流當中？為了避免這種情況發生，店方是否應該進行某種程度的資訊篩選？

為了驗證假說，日本7-ELEVEn嘗試把店內某個冷藏庫擺放的非酒精飲料種類減為三分之二。如果根據一般的想法，商品種類減少為三分之二，商品較不齊全，選擇性變少的情況下，銷售業績應該會下降。然而，實驗結果一如假說，業績反而成長三成。

那麼，業績成長的原因出在哪裏？其實，商品數並非以等比例減少。精簡商品時，是把銷售欠佳的「滯銷」商品減少，而「暢銷」商品（例如烏龍茶等）嘗試增加陳列面積。任何店面的陳列空間都有限制，只要貨架被「滯銷」商品占據，「暢銷」商品就排不進去。把滯銷商品撤掉之後，原本同一款暢銷茶飲只能陳列一瓶，就能增加橫向陳列為四瓶。一旦陳列面積增加，就能減少發生斷貨的機率，顧客也因為較容易選擇，降低「找不著、買不到」的機會。簡單來說，就是把客人要的東西擺在他們一眼可見、伸手可及的地方，或是隨時避免斷貨情形的發生。這兩種效果加乘的結果，使得非酒精飲料類業績比過去成長三成。

一年實行三六五次驗證

日本7-ELEVEn擁有完備的資訊系統，讓他們可以每天進行這種假說、實驗、驗證的流程。今天所做的實驗，當天就可以透過營收數據得到結果，因此，如果有必要，隔天又可以進行其他的實驗。例如，假設三明治與杯湯陳列在一起的效果最好，於是把賣場陳列依此假設進行調整。調整結果對營收產生正面還是負面影響，隔天就能分曉。

每天都能進行建立假說，進行實驗，加以驗證的一套流程，所代表的意義是，只要想做，一年最多可以進行三六五次實驗。一邊是像這樣平常每天動腦研究銷售手法；一邊是好幾個月才進行一次假說的驗證工作。這兩種企業即使以同樣價格銷售同樣商品，銷售方法的技巧與實際方法（know-how）的差異，造成結果迥然有別，說起來一點也不足為奇。

實驗次數愈多，假說愈加進化

「假說→實驗→驗證」循環過程重複次數愈多愈好。前一個循環所得到的結果，有助於形成下一個更好的「假說→實驗→驗證」循環，讓假說愈來愈好、持續進化。為求假說的進化，要把握的重點是務求將假說的循環（從建立到完成驗證為止）控制在短時間之內完成，並且在有限的時間之內盡可能多驗證。因為，單位時間之內所能進行的實驗次數愈多，假說得到補強的機會愈高。

容我再次提醒，在當今的大環境之中，沒有作為就是最大風險，時間不容許我們漫無邊際蒐集資料卻遲遲不做決定。**要在有限資訊的條件下，以假說思考做出最適決策。**與其僅只思考而不採取任何行動，不如以初步的答案進行實驗，這也不失為有效的方法。**透過實驗進行驗證，使得假說得到進化，再經由更深一層的驗證，使假說更趨精準，這就是建立假說的關鍵。**

3 洞察事情的整體架構

窺得全貌就少做白工

目前為止我對於解決問題之際，如何運用假說思考的方法做了一番說明，接下來談談如何透過假說思考，從全盤角度面對工作。

貿然開始著手工作，或從細節部分切入，就像在手無地圖的情況下航行於太平洋一般。若根據假說思考將事情的架構事先進行模擬，則事情之進行可朝著我們所設定的目的、結果推進，順利獲得成果。同時，工作能得到事半功倍之效。

例如，當我們撰寫工作報告時，若漫無止境地蒐集文獻與資料直到期限截止的前一刻，才開始動筆，恐怕精力已所剩無幾，繳交期限也迫在眉睫。就算寫也往往在忙亂中遺漏重點資料。相較之下，在資料尚未齊全的早期階段即著手預擬大綱，從整體的全局角度思考，這樣才是最有效的方式。

單憑少量資訊而運用假說思考去設想事情全貌與其架構，必要時再針對所需資料追加調查。爾後根據調查結果，修正原先架構並得到進化。採用這種做法，不但效率高，還能完成一份有助於解決問題的報告。

換句話說，就是在分析還不十分徹底，佐證資料也不齊全的情況下，仍直接從解決問題的大方向與具體對策切入，建立整體性的假說。此時的重點是以架構化的方式描繪事情的整體架構。

所謂架構化，是指「以某某內容、某某架構模擬事情的來龍去脈」。舉例來說，就是以假說為基礎進而推演邏輯：「經由現狀分析，應該會得到……結果。其中，問題的真正原因在於……，而其結果可考慮的解決方案包括……等，其中最有效的應屬……策略。」

由於這種方式，是在佐證資料不足的狀態下，就大膽擬出整體架構的關係，常常會令人懷疑是不是有遺漏了重點、或是架構錯誤。然而，就如前文所述，諸如此類的狀況，只要驗證階段的資料蒐集工作一旦展開，很快就會發現原先所想的資料蒐集不到，假說存在錯誤。由於錯誤在初期階段即可發現，即使出錯仍可望在從容不迫的情況下修正方向。

以下配合實例，說明如何勾勒事情的整體架構。

案例分析一　撰寫提升化妝品營業額的專案報告

假設化妝品製造商的行銷企畫人員，被主管要求提出一個提升營業額的解決方案。首先，假設該企畫人員根據目前為止的觀察、既有資料，或是與關鍵人物的訪談，建立了以下假說：

「本公司的行銷策略，問題不在個別的商品力、價格競爭力，而在於行銷策略未能及時因應客層的變化。尤其是未能跟上客層由熟齡階層轉向年輕族群，由女性轉向男性的變化趨勢。」

在此階段，已掌握到公司內部已有的部分訊息，不過假說的驗證，以及為求深入所需進行的調查、分析工作則尚未展開。展開行動之前，先運用假說思考的方式，設想事情的結構組成，勾勒事件的整體架構。報告的架構，大致區分為現狀分析、結論與建議等三大部分。（詳見【圖表2-2】）

首先，為了證實假說，針對「I現狀分析」部分所需的構成要素，提出以下三項：

1.產品與成本

2.客層區隔與產品定位

3.促銷與通路

勾勒事情整體架構之際，切忌將大小問題混為一談。

其次，就現狀分析的部分思考其架構。這個以假說為基礎的架構，現階段仍有許多點尚未經過驗證。

1.在產品與成本部分，設想情境有二：

【圖表2-2 整體架構（方塊圖）】

提升化妝品營業額的解決方案

I. 現狀分析

1. 產品與成本
2. 客層區隔與產品定位
3. 促銷與通路

II. 結 論

產品力
價格競爭力 } OK

行銷策略與客層區隔
出現落差

III. 建 議

品牌再造

行銷策略的具體方案

①產品絕對不差，客訴情況也少，產品品質大致上應無疑慮。

②生產方式以少量多樣為主，成本雖較同業大廠為高，但與行銷費用相較則微不足道。

2. 客層區隔與產品定位的部分，可設想以下情境。

關於女性商品方面的想法有兩點：

①從大眾化商品到頂級商品共計五種品牌，儘管深獲熟齡女性的青睞，但年輕族群的支持度偏低。

②品牌形象以信賴、安全、正統，偏向保守。反觀競爭對手的品牌形象，則是以先進、革新、科學等形象迥然不同的字眼為代表。

針對男性商品設想以下情境：

①年輕男性化妝品市場較女性市場快速成長。

②然而，男用商品僅有單一品牌，且品牌忠誠度高的顧客已呈高齡化現象。

3.最後是針對促銷與通路部分的設想情境，同樣以假說為出發點。

①在電視、女性雜誌砸大錢做行銷。然而，電視廣告著重強化企業形象甚於個別商品廣告，目標客層是否接收到訊息不無疑問。

②年輕男性專屬品牌出現空缺，或多或少造成難以切入潮男時尚雜誌、網路的情況。

③通路以傳統的化妝品店、百貨公司、超級市場為主，藥妝店之類的新通路幾乎仍是一片空白。

「II結論」的區塊，根據現階段的假說而構成。

1.儘管產品、價格競爭力不輸其他廠牌，

2.但是客層區隔較以往產生巨大變化。例如面對最具潛力的客層由熟齡層轉移至年輕族群、由女性轉向男性的現象，行銷策略未能有所因應。尤其，在未來成長空間較大的年輕男性客層部分更是起步太晚。

在「III建議」的部分，針對解決方案提出以下假說。

1. 將女性專屬品牌由五個精簡為三個，多出來的經營資源則用於開發新的男性品牌，尤其用在商品開發、銷售相關人員、促銷費、廣告費等方面。

原因是，儘管女性市場規模確實相對龐大，然而對於已屆成熟市場的年輕女性客層，現階段即使努力強化，在競爭地位處於劣勢的情況下，投資與報酬恐怕不成比例。而品牌數儘管由五個精簡為三個，只要主力品牌還在，營收下降幅度也能控制在一五%的範圍內，再加上種種成本的降低，應該可以使獲利維持平盤局面。因此，減少品牌可能並不致產生太大負面衝擊。

2. 行銷策略的具體方案，有以下幾項建議：

①目標客層鎖定即將開始使用男性化妝品的國高中男學生。
②全新開發價格親民的大眾化商品。
③通路捨棄既有的化妝品店與超市，鎖定國高中生較常出入的便利超商與藥妝店等。
④廣告主要透過雜誌、口耳相傳、網路進行，捨棄電視等大眾媒體的廣告形式。

【圖表2-3　整體架構】

提升化妝品銷售的解決方案

I. 現狀分析

1. 產品與成本
 ① 產品絕對不差，客訴情況亦少。
 ② 生產方式以少量多樣為主，成本較同業大廠為高，然其差異較之行銷費用則顯微不足道。
2. 客層區隔與產品定位
 ① 女性商品
 —女性商品從大眾化商品到頂級商品共計5種品牌
 ・熟齡女性支持度高
 ・年輕族群支持度偏低
 —品牌形象為信賴、安全、正統
 ・競爭對手則是先進、革新、科學
 ② 男性商品
 —快速成長中的是男性市場而非女性市場
 —男用商品僅有單一品牌，且品牌忠誠度高的顧客已呈高齡化現象
3. 促銷與通路
 ① 從事行銷不遺餘力，然而訊息是否傳達目標客層則有疑問
 ② 尚未切入潮男時尚雜誌、網路
 ③ 通路以傳統的化妝品店、百貨公司、超級市場為主

II. 結　論

1. 產品、價格競爭力不輸其他廠牌
2. 行銷策略未能因應客層的變化
 —尤其在未來成長空間較大的年輕男性客層部分更是起步太晚

III. 建　議

1. 將女性專屬品牌由五個精簡為三個，多出來的經營資源（商品開發、銷售人員、促銷費、廣告費）則用於開發新的男性品牌。
 原因：……
2. 行銷策略
 ① 目標客層鎖定即將開始使用男性化妝品的國高中男學生。
 ② 全新開發價格親民的大眾化商品。
 ③ 通路鎖定便利超商與藥妝店，公司既有通路化妝品店與超市不予鋪貨。
 ④ 廣告方式捨棄電視廣告，集中於雜誌、口耳相傳與和網路。

將以上幾點實際填入【圖表2-2】的方塊圖內，則成為【圖表2-3】。

像這樣事先勾勒事件全貌，再考慮需進行哪些調查、分析工作及其優先順序，將驗證假說所需工作限制在最小範圍之內，再根據結果修正假說，使假說得以進化，連帶修正整體架構。上述程序如螺旋般持續進行的過程中，一步步展開後續討論。

案例分析二　高級加工食品業的競爭策略

再看看另一個例子。食品製造業B公司，在某高級加工食品領域擁有全國性的高市場占有率。然而，這幾年來，B公司在若干重要地區的市占率有逐漸被一個後起的小型業者C蠶食鯨吞的跡象。假設B公司的專案小組成員，必須向經營階層提出一個能有效對抗C公司的競爭策略。

勾勒事件整體架構之際，手邊可用資訊、分析結果通常是林林總總。假設目前已知資訊如【圖2-4】所示，有以下三大類：成本結構、地區別市占率、地區別售價。

首先，在成本結構方面，發現到B公司儘管產量多、規模大，然而單位生產成本卻

【圖表2-4　從已知資訊建立整體假說】

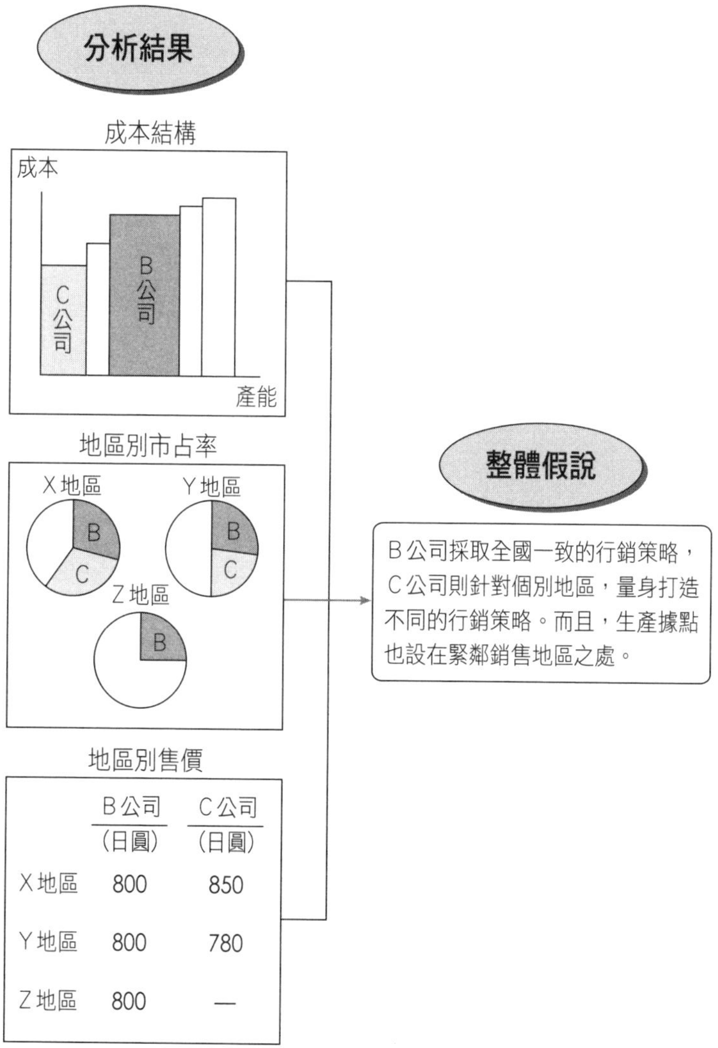

比C公司來得高。接著，從地區別市占率來看，B公司在全國各地的市占率都相去不遠，反觀C公司在各地區的市占率卻是高低落差頗大，甚至部分地區並未進行銷售。再從售價來看，B公司的商品在全國各地價格一致，採取公定價格法；而C公司在市占率較高的X地區定價較B公司高，採取因地制宜的差別定價法。

接下來，從這三類資訊去建立整體性的假說。例如：「相較於B公司採取全國一致的行銷策略，C公司採取限定地區的行銷策略。而且，還將生產據點設在緊鄰銷售地區，才使得生產成本能夠較為低廉吧！」

其次，應該先思考的是，該採用什麼分析結果來證明這些假說。

勾勒事件整體架構的例子如【圖表2-5】所示。方格內標示「有資料」者，表示為既有資料，已具某種程度的了解；標示「有部分資料」者，表示掌握到部分資料；標示「無資料」者，表示現階段沒有任何佐證資料。該表清楚顯示，後兩者「有部分資料」與「無資料」合計有七項，遠高於「有資料」的一項。實行假說思考，就是必須以如此少量的資訊為起點，進而思考事件的整體架構。

像這樣撰寫故事的大綱架構（outline），在BCG稱為「空白簡報」（ghost deck）。

【圖表2-5　構成故事（story）的實例】

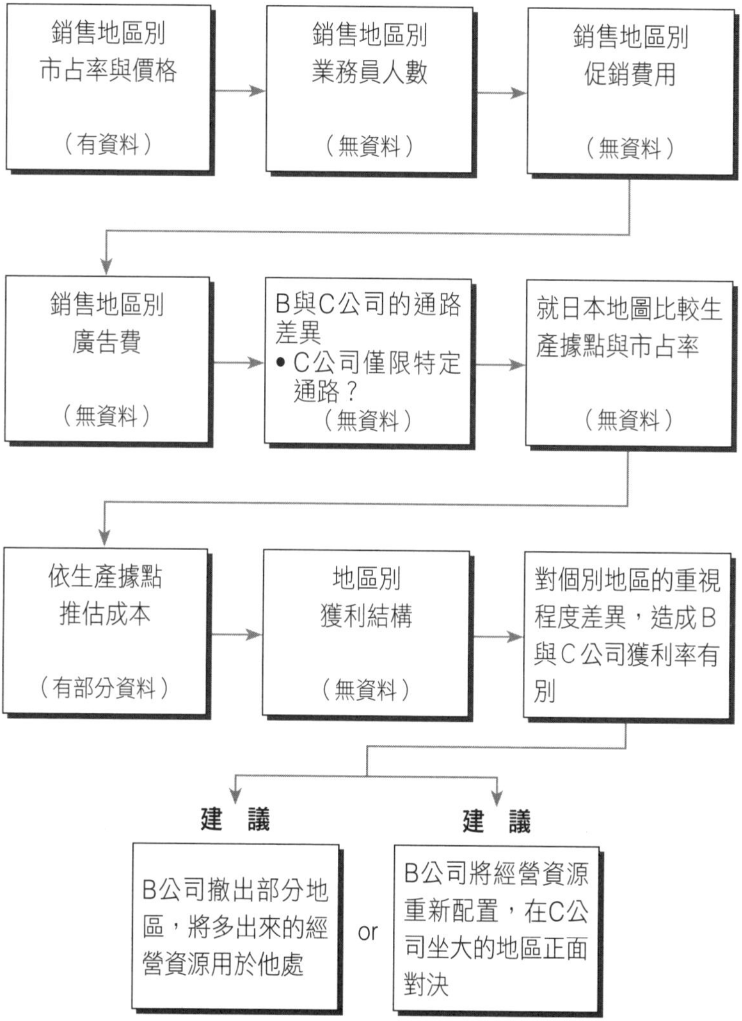

這個「空白簡報」的概念，就是一堆沒有內容的投影片的組合。舉例來說，假設一場簡報有三十張投影片，大部分的投影片還沒有填入內容，有些投影片上面有文字，但只有填入講者想對聽者說的重點，或是想要向聽者證明但是尚未驗證或分析的隻字片語。總而言之，「空白簡報」裏除了有故事情節（storyline）之外，也包含想傳達的重點，以及為了支持該重點所需資料或分析示意圖（image）。

那麼，就讓我們回到剛才這個案例吧！「個別銷售地區的市占率」為已知資料。其次，建立一項假說，就是C公司針對業務人員數、促銷費、廣告費，依地區別給予不同的資源配置的比例。針對這個假說進行調查、分析，並與B公司進行比較。

或者，也要思考B與C兩家公司的通路有所不同的原因。例如，C公司將銷售通路聚焦在優良通路，是否成為造成兩家公司獲利率差異的主要原因？針對這個假說去進行了解並加以驗證。

此外，在生產成本方面也建立假說：規模較小的C公司生產成本反而較低，原因是否出在生產據點靠近銷售市場？反觀B公司，由於銷售範圍遍及全國，導致物流、庫存成本增加，而拉高整體的生產成本？為驗證這項假說，將生產據點與市占率放在日本地圖上比較，並推估兩家公司個別生產據點、工廠的生產成本。

再者，兩家公司的地區別獲利結構，調查結果顯示B公司生產成本也因地而異，有些地區低於C公司，另一些則否。換句話說，可以推測採取全國統一策略的B公司，各地區的獲利結構也不盡相同。相較之下，採取因地制宜策略的C公司，可以想像獲利的區域市占率較高，虧損的區域市占率較低，甚至有可能尚未進入這個地區，關於這一點，也必須進行驗證。

經過這些假說與驗證之後，得出最後的結論——B公司採取全國統一策略、C公司採取因地制宜策略，是造成兩家公司獲利率差異的重要因素。假設從結論得出的具體建議有以下兩項：一是應該捨棄全國統一策略，撤出部分地區，並將多出來的經營資源運用在其他區域，以提高獲利率。只是，這樣勢必演變為和C公司採取同樣策略，因此，另提一項與C公司一決勝負的策略——放棄C公司未進入的地區，鎖定C公司市占率高的地區，將經營資源重點投入，也就是直搗C公司的黃金區域正面對決，藉以擴大市占率。

所謂將故事架構化，是指模擬整件事情是以某某內容與方式所構成的整體輪廓。

首先，從全盤的角度建立故事架構，然後，在每個方塊（block）填入適當的圖表與資料，仔細完成整體架構。切忌一開始就急於填入圖表與資料、卻忽略先行建立故事架構，這樣可以避免陷入「見樹不見林」的盲點。因此，正確的步驟是建立故事架構，等到大致輪廓清楚之後，再逐一加上細節與內容。

建立故事架構的過程中，對於不足的部分要運用想像力去補足。而用以彌補不足之處的想像力，就是所謂的假說思考力。

4 發揮影響力的全盤思考

有效激發行動力

如前所述，若能運用「空白簡報」的概念，建立故事架構、編寫綱要，看清事件全貌，則後續工作將更加明確，工作效率隨之倍增。

再者，所謂「空白簡報」的概念不僅在整理思緒、決定非做不可的工作事情時能夠派上用場，而且在接下他人委託的工作，或對上司說明工作計畫時也大有幫助。原因有以下幾點：

①自己的思考將更為清楚。

②能具體掌握已知與已證明之事（換句話說，相當於內容已填寫完成的投影片）。

③能確切掌握並傳達有哪些不足之處，或是為了彌補不足必須蒐集什麼資料與進行哪些分析（換句話說，相當於僅有標題、片斷訊息或分析示意圖的投影片）。

換句話說，「空白簡報」概念，能讓人很容易勾勒複雜的故事，連帶使得工作順利進行。大方向的架構易於將故事傳達給他人，也容易激發具體行動，進而實現目標，更有助於我們發揮影響力。

運用假說思考組織簡報

要讓所提出的建議、結論能被組織付諸實行，簡報扮演了舉足輕重的角色。因為，通常人對於自己未能認同的事很難提起幹勁。

簡報首重淺顯易懂，提案、建議的內容愈簡單明瞭，組織愈容易付諸行動，愈容易產生改變。因此，扮演提案、建議前身的「空白簡報」，內容必須更加淺顯易懂。

散文集《美國之心——感動全美國的七十五篇短文》（*Gray Matters*）書中有一句話深得我心：「如果一張名片的背面不足以寫完一個點子，根本不是什麼了不起的點子。」

這句話的意思是，任何點子如果需要用很多張報告專用紙才能說明清楚，即使提案者自己覺得點子很好，但對方卻難以理解，都稱不上「好點子」。相反地，如果短短一兩句話就能交代清楚的點子，才是真正的「好點子」——因此，「套裝組件」以讓人淺顯易懂的方式製作簡報，是一件很重要的事情。

首先，要將假說思考的結果——明確的課題以簡單明瞭的方式呈現。其次，陳述解決方案的建議，是簡報（presentation）的關鍵。

然而，這樣恐怕不足以讓人信服，因此，應該從補充不足的角度，從何種原因引發什麼現象等，以現狀分析的方式補充。接下來，說明解決方案的具體內容與實行方式等——重點在於簡單明瞭，才能讓人一聽就懂。

站在聽者立場，重新建立簡報內容的架構

簡報的目的，在於讓自己想傳達的事情，能夠得到對方的理解與認同。如果只是一味想著自己想要傳達什麼給對方，那麼就稱不上好的簡報。

也就是說，首先要明確定義「想藉由簡報達到什麼目的」，然後思考「該以什麼順序、說些什麼才能達到這個目的」——這種逆向思考，與假說思考以結論為思考起點的方式非常相近。

想要做到這一點，必須站在對方的立場思考。例如，自己這樣說，對方會感受到什麼？從自己的簡報中，對方最想獲得什麼？自己要在腦中像這樣不斷經由假設，重新建立簡報架構的過程中，完成簡報的內容。

例如，你透過簡報提出一個非常具有說服力的提案，但只要對方無法對你個人產生信賴感，一切還是不具任何意義。因為，只要對方一旦認定「這個人根本不了解我真正的痛處」，即使你說得再怎麼有道理，發自良心的忠言總是聽來逆耳，對方終究無法接

受。因此，一定要讓對方覺得「這個人是在了解我的痛處與辛苦，以及問題何以未能解決的情況下，才提出如此毫不留情的建議」，如此一來，你的提案、建議才能獲得認同。

換句話說，彼此必須產生「共鳴」。共鳴的起點，是為對方設想有何煩心之事。如果無法確切知道對方究竟為了什麼事情而煩心，不妨先假設對方的煩惱，並且以此為前提思考。接下來，思考「該以什麼說法、什麼順序回應對方的煩惱」。當然，真正的簡報涵蓋範圍也非常廣泛，正因如此，必須先在腦中模擬，然後再融入簡報內容裏。

比方說，簡報內容是「貴公司這裏不對」、「那裏不行」、「這個策略不是很高明」之類的話語，全盤否定對方過去的努力與辛苦，之後提出自己的提案：「所以貴公司應該這麼做」。如此一來，就算內容再怎麼正確，恐怕對方也會因為感到遭人批評而心生反感。

如果你試著用其他的方式取代上述說法，例如：「過去貴公司採用這項策略非常成功，不過，隨著時代與環境的變遷，過去做法恐怕已經不再適用。因此，如果能試著這樣調整，或許會比較好」。如此一來，儘管說的是同一回事，對方總是比較容易接受。

再者，企業的情況有別於個人，一旦接受並實行提案、建議，就必須實際進行改革、拿出成果。言談內容、分析結果必須正確，提案必須言之成理等，這些固然很重要，然而，提案、建議的內容能否與企業的改革與成果產生連動，其重要性更是不在話下。換句話說，企業需要的是這種提案。因此，自己的提案內容能否讓對方便於付諸實際行動，是簡報最重要的一環。

提案與建議所帶來的變化與成果稱為效應（impact）。隨著提案、建議的實行，而產生營業額增加、市占率提高、成本下降等結果時，這是很容易了解的一種效應，組織活化也是效應之一。效應對於企業而言，是不可或缺的要素，因此，提案與建議時，務求能帶來對方所求的效應。

從結論說起的簡報，有哪些優點與缺點？

要讓自己的假說為人了解，進而認同、接受，表達的先後順序也值得好好注意。有時候適合從結論說起，有時候最好將證明過程仔細交代清楚。

以「結論是……」為開場白，傳達結論、關鍵資訊；接著以「原因在於……」，依據輕重逐一說明開場所提結論的支持理由。這種簡報方式在歐美甚為普及。

這種方式有兩大優點。一是避免讓聽眾在結論出現之前，處於焦躁不安的情緒，不知「這個話題最後會導出什麼結論」。另一項優點是，只要開頭的結論能得到對方認同，解釋原因的部分可簡單帶過，就結果而言，還能縮短簡報時間。基於以上優點，企管顧問通常採用這種簡報方式。

不過，並非所有聽者都偏好這種簡報。例如，A引發B，接著B形成C，而C又造成D，因此最後得到E的結論，對於習慣這種思維模式的人來說，劈頭就告訴他們「答案是E」，恐怕他們心裏還一直記掛著A、B的後續發展，導致耳朵即使聽著簡報，心中仍然悵然若失。這種情況之下，最好避免將結論E放在最前面，而是照著從A到B、C、D、最後到E的順序，鉅細靡遺交代清楚、完成簡報。

簡報方式沒有絕對的優劣，只能說得視情況而定。不過，歐美絕大多數都採取一開始就說結論的簡報方式，日本也已經相當普及。建議各位，務必嘗試並體會看看以結論為始的驗證假說型簡報。

第三章

建立假說

The BCG Way—The Art of Hypothesis-driven Management

1 企管顧問想到假說的那一瞬間

在討論或訪談中醞釀假說

BCG內部曾經進行一項問卷調查——「企管顧問通常在什麼狀況下聯想到假說？」企管顧問可謂假說思考的專家，時常運用假說思考。令人好奇的是，假說通常在什麼時機之下產生呢？

調查結果如【圖表3-1】，最多人回答的是「在討論過程中想到」。換句話說，就是在與人談話的過程中想到。和同事開會、和客戶開會等都包括在討論的範圍內。這類情境多半本身對討論主題已有相當認識，而在談話對象的言語激盪下產生聯想，或使原

【圖表3-1 假說從何而來？企管顧問的回答排行榜】

排名	回 答
1	產生於討論過程中 （與企管顧問討論時，或是與客戶討論時）
2	產生於訪談 （客戶、實地訪談）
3	產生於靈光一現
4	產生於深思熟慮之時

⋮

如何建立假說？方法因人而異，沒有標準答案。

先思考得到進化；有如「天上掉下來的禮物」一般，毫不費吹灰之力從對方身上得到假說的例子可謂少之又少。

排名第二的回答是「在訪談過程中或訪談結束後」。所謂訪談，包括企管顧問與客戶的訪談，或針對客戶的消費者、協力廠商所進行的實地訪談（field interview）。並非坐在辦公桌前苦思得來，多半是藉由走出辦公室、前往現場實地考察與訪談，進而刺激想法、建立假說。

建立假說的方式，沒有標準答案

排名第三、第四的回答是假說產生於「靈光一現」與「深思熟慮之時」。

有些人「非要到早上即將開始上班的那一刻，腦中才會突然有靈感」，有些人「會在睡眠中靈光一現，因而床邊總放著紙筆」。此外，還有人「拿著簽字筆在紙上胡亂塗鴉的過程中，頭腦逐漸理出頭緒，而形成假說」，或「會在洗澡時想到，因而在浴室牆壁貼上寫有自己的想法、思考課題的小紙條，一有任何想法，就立刻用鉛筆寫上去」。

我屬於「假說產生於靈光一現」的類型，往往在搭電車讀報、看書時，甚至什麼也沒做、只是拉著吊環時突然想到。當然，自己一個人苦思不得其解時，也會發生透過與他人討論而產生假說，或因此讓假說得以進化的情況。

相反地，回答「假說產生於深思熟慮之時」的企管顧問，是透過系統化的過程建立假說。一開始，他們透過閱讀書籍與口頭的討論過程，廣泛吸收資訊。而後安排時間讓自己沉澱與反芻，將腦中念頭與想法逐一寫下。接著加以架構化，最後將故事情節

（storyline）與分析示意圖（image）寫在一張紙上，完成建立假說，並冷靜檢視。

如上所述，建立假說的方式因人而異，沒有一套標準答案。建構假說有各種方法，本書介紹其中三種：由分析結果建立假說、從訪談過程建立假說，以及透過靈光一現建立假說。

2 由分析結果建立假說

案例分析一　解讀非酒精飲料市場的消費曲線

首先，談談由分析結果建立假說的方法。這種做法是依據既有的分析結果建立假說。而不是為了建立假說，特意去進行某項分析。前文有關驗證假說的部分亦曾提過，分析原本用途是在於驗證假說。

不過，由分析結果建立假說亦是可行。這樣聽起來可能有些混淆，容我說明一下：一般人解決問題時九〇%仰賴分析；相較於此，假說思考型的人只有二〇%仰賴分析。

嚴格來說，假說思考型的人是著手分析之前，先建立好假說，鎖定應該深入鑽研的方

【圖表3-2　日本非酒精飲料市場的成長與多樣化趨勢】

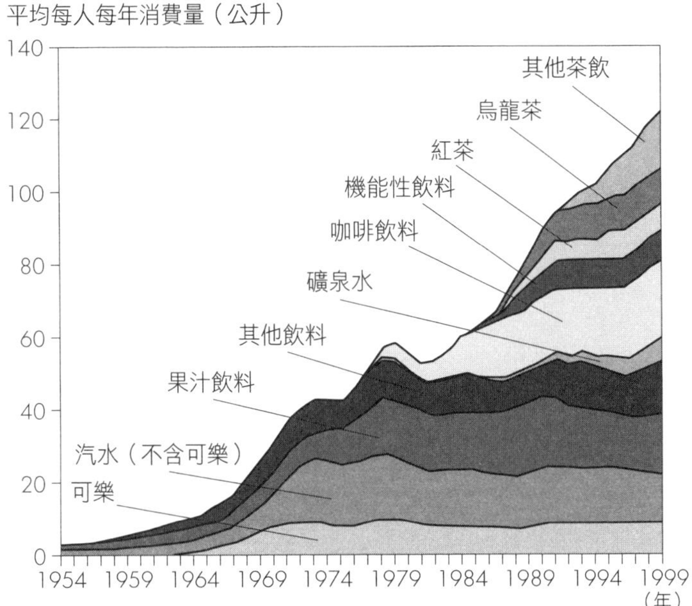

出處：全國非酒精飲料公會「非酒精飲料類統計資料」、BCG分析

向，而後進行分析、驗證假說並使假說得以進化。

以下是由分析結果建立假說的具體實例。

【圖表3-2】是日本非酒精飲料市場的消費曲線，可看出一九九九年之前，日本非酒精飲料市場的成長趨勢與多樣化趨勢。

這個分析結果，究竟能幫助我們建立什麼假說？

例如，從平均每人消費量來看，可以發現一九六〇年代後期開始快速成長，而一九九〇年代又再次飆升，換言之，整個期間之內曾經出現過兩次高度成長期。

以這項統計資料為基礎，再加上自己的知識、體驗與想像，針對前後兩次消費量大幅成長的原因，或多或少能夠建立幾項假說。

假說之一，是過去推出的非酒精飲料產品，多以汽水與果汁飲料等高糖分飲料居多。不過，從一九八〇年代後半，機能性飲料（包括運動飲料、提神飲料、保健飲料等）、烏龍茶、礦泉水等的消費量逐漸增加。也就是說，可以建立這樣的假說：隨著日本人的健康意識日益高漲，含糖量少的飲料消費量增加，擴大了非酒精飲料市場。

另一種想法則是，過去市售非酒精飲料以瓶裝、罐裝為主，攜帶方便的寶特瓶出現之後，大幅改變非酒精飲料的飲用方式。寶特瓶隨時隨地均能飲用，甚至也能當做水壺使用。基於方便性的考量，使得非酒精飲料的市場需求大增，也是一項可能的假說。

此外，還有另一假說，那就是非酒精飲料銷售管道已經產生改變。過去民眾購買飲料多找食品行、超市或是賣酒的店家，自從自動販賣機出現之後，路邊、車站甚至辦公室，隨時隨地都可買到飲料。這種唾手可得的方便性，或許也是非酒精飲料需求增加的推手。同時，由於自動販賣機較少擺放寶特瓶飲料、多為鐵鋁罐裝飲料的關係，因此寶特瓶飲料的銷售增加，應該是便利超商發展迅速的影響。

當然，日本人對於健康、安全意識的提升，也是可能性之一。過去，大家普遍認為自來水是既不花錢又安全的飲用水（在日本，自來水能夠直接生飲）。然而，現在為了消毒，不僅加了氯，更有愈來愈多民眾懷疑水中含有雜質。在這種情況下，助長「喝礦泉水有益健康」的說法，或許也因此造成礦泉水的需求大增。

總結以上，由分析結果建立假說，關鍵在於你能否從圖表當中，解讀上述各項假說。

從分析結果建立有關未來的假說，也是可行方法之一。

例如，假設日本人的健康意識愈來愈強，則機能性飲料的消費量將有大幅成長的空間；如果安全觀念更加提升，則自來水將愈來愈少人飲用。這樣一來，原本在日本銷售欠佳的礦泉水市場，極有可能鹹魚翻身。對企業來說，這是攸關未來的商品開發與策略的重要假說。

案例分析二　解讀日本國內的汽車市占率

從分析結果建立假說的第二個例子，請看日本的汽車市場。【圖表3-3】是日本汽車市場的價值鏈，以經銷商（dealer，為汽車製造商的關係企業）與獨立商（與汽車製造商毫無任何關係）營業額比例。二〇〇三年整體市場規模約三十兆日圓，其中新車銷售額約占三分之一，其餘三分之二包括融資貸款、保險、零件、車輛檢驗、中古車等，統稱為售後維修市場（aftermarket）。

依據此圖能建立什麼假說呢？

對於汽車產業具有一定程度的知識與經驗者，想必會產生若干假說。

例如，目前經銷商營運陷入苦戰，而在售後市場方面，則有眾多與汽車製造廠無關聯的獨立商搶食大餅。

也就是說，可想而知獨立商在售後維修市場賺走不少利益。因此，可以建立假說：經銷商之所以在售後市場賺不到錢，要歸咎於汽車製造商的策略出問題，也因此造成獨

【圖表3-3　日本的汽車市場的價值鏈結構推斷（2003年度）】

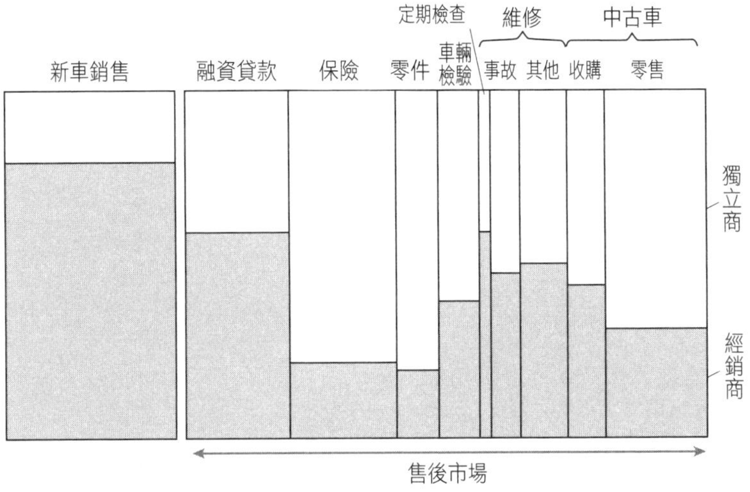

出處：BCG分析

立商賺走利益，而經銷商無利可圖的局面。

另一方面，目前日本新車銷售情況低迷，高峰期年銷售量達六百萬餘輛的小型轎車，目前萎縮到僅剩三分之二，亦即四百萬輛的程度。然而，馬路上來來往往的汽車看來並未減少。由此，也可以建立假說：與新車銷售情形相較之下，中古車市場呈現強勁成長。

如上說明，可將分析結果與本身知識、經驗結合，藉以建立假說。

3 由訪談過程建立假說

案例分析 消費財廠商營收欲振乏力

接下來，說明如何由訪談建立假說的方法。

假設企管顧問接到某消費產品製造業者委託：「儘管產品做得這麼好，消費者還是不捧場，請協助調查原因，並擬出因應策略」。訪談客戶的結果，掌握到以下訊息：

「消費者好像比以前更謹慎保守，變得比較不想花錢買類似產品。」

「競爭對手的產品和之前相同。」

→換句話說，該公司並不是因為競爭對手推出新產品而落敗。

「來自便利超商的營業額有增加的趨勢。」

↓換句話說，儘管整體營業額下滑，唯獨便利超商的銷售情況仍有成長。

「物流的價格競爭日趨白熱化。」

↓換句話說，零售商與批發商的價格競爭愈激烈，低價商店的銷售情形愈好。

「我們對產品深具信心，並未降價以求。」

從訪談中建立假說

從訪談得到的內容，對於「產品做得這麼好，消費者卻還是不捧場的原因」，可以建立以下假說：

假說1 消費者的嗜好轉移其他領域

客戶只看自家商品的營業額，就認定顧客的消費日趨謹慎保守。不過，其實也可以建立這樣的假說：消費者的總消費金額不變，只是把錢轉向其他消費產品，因而排擠掉原有應購買自家產品的份額。

就如手機在高中女生之間大為風行的那段時期，她們每個月兩、三萬日圓的零用錢中，動輒花費一萬至一萬五千日圓在手機上。於是原先用來買衣服、CD、拍大頭貼的錢就沒了，造成相關商品營業額大幅下滑的現象。

假說2 通路末端價格競爭激烈，需求流向低價商品

這項假說，是指價格競爭的結果，使得消費者趨向購買低價商品。當然，並不是說東西愈便宜、銷路就會愈好，就拿名牌商品來說，有時價值根本就來自高不可攀的價格。因此，需求未必會流向低價商品，只不過以此個案來說，看來情況確實是這樣。

假說3 使用者口碑帶動他牌商品的買氣

這項假說是指他牌商品雖然和之前沒有兩樣，然而在電視、雜誌的介紹與網友口碑推薦的推波助瀾之下買氣大增，因而席捲了整個市場。

假說4　競爭對手提高對通路商的利潤分享

儘管競爭對手並未調降商品的零售價格，但有可能增加物流業者的利潤空間。一般來說，最符合這項假說的是透過店員的推薦而讓顧客埋單的成藥、化妝品等商品。通常是店員了解消費者的需求之後，向對方推薦的商品。

例如，到了藥局，顧客與店員可能出現類似的對話：

「我好像感冒了，有點頭痛，請問我該買什麼藥？」

「有沒有發燒？」

「沒有。」

「喉嚨痛不痛？」

「有點痛。」

最後，店員推薦：「那麼，可以買這個。」

此時，店員雖然會針對消費者需求提供適合的商品，不過，他們推薦的往往也是利潤較高的商品。換句話說，成藥除了得有一定的藥效，零售商的利潤空間往往更能左右銷路好壞。

假說5　通路發生轉移現象

這項假說是——消費者購買地點，由百貨公司、超市，逐漸轉向便利超商、折扣店。

以日本兩大啤酒商——麒麟啤酒（KIRIN）與朝日啤酒（Asahi）爭霸的例子說明。由於麒麟啤酒向來橫行於酒商（賣酒的批發商）界，因此對於和酒商呈現敵對關係的便利超商，一直不放在眼裏。然而，消費者想買啤酒時，向酒商下訂再等候送貨的方式實在麻煩，於是慢慢演變為去便利超商買啤酒，隨著消費者在便利超商想喝多少就買多少的習慣養成，麒麟啤酒的市占率就相對下滑——因為，朝日啤酒已經強化便利商店通路。

在這個案例當中，當消費者的消費場所發生變化，而且是自家公司相對較弱的通路時，儘管銷售策略、行銷手法並未改變，有可能營業額還是呈現下滑。前面曾經提到在訪談過程出現這句話：「唯獨便利超商的銷售情況仍有成長」。如果便利超商對顧客而言屬於弱勢通路的話，那麼整體營業額應該會連帶下滑；反之，如果便利超商是顧客的主要通路，那麼在便利超商業績成長的前提下，整體營業額應該也會隨之成長。因此，這項假說錯誤的可能性相當高。

像這樣根據訪談結果建立假說，也是可行的方式。不過，關鍵在於如何確實做好訪談。接下來，針對如何有效進行訪談，簡要解說幾個重點。

4 有助於建立假說的訪談技術

如前所述，訪談是建立假說的好方法。那麼，訪談有什麼具體的技術呢？

首先，要確定訪談目的

著手訪談之際，首先務必確認目的為何。一般來說，訪談目的通常有以下幾種：

目的1 了解行業、業務

身為企管顧問，若對客戶不具相當程度的了解，諮詢工作根本無從開始。因此，往往基於了解客戶的業務內容或客戶所屬行業而進行訪談。而一般的企業人士於切入新市場、新事業、新通路之際，也常常基於同一目的而進行訪談。

要得到諸如此類的資訊，透過書本儘管也是可行管道之一，不過還是比不上向實務人士取得第一手資料，來得容易了解也更能掌握現況。因此，訪談是了解特定行業、業務的重要方法。

目的2　發現問題，釐清問題

為診斷客戶在經營上所面臨問題，企管顧問往往從訪談做起。若事先知道經營問題為何，那麼只需要詳細詢問並釐清問題即可。然而，實際狀況往往並非如此。於是，重點就在透過訪談發現問題，並釐清問題。一般的企業人士應該也不乏基於診斷自家公司、集團企業的經營課題，而進行諸如此類訪談的經驗。

目的3　建立假說，檢驗假說

若已經釐清問題，那麼就要針對問題的發生原因、解決之道建立假說。此時，訪談的作用在於建立好的假說，或是檢驗假說的正確性。

實地訪談有如一座寶山

在公司內部進行訪談，或是對客戶、交易對象進行訪談等，這種實際到第一線進行訪談的方式稱為實地訪談。

透過實地訪談掌握第一線的目前情況與實際狀況，是發現問題進而有效解決問題的基礎。就此意義來說，實地訪談就好比是一座寶山。而重點就在於了解實地訪談的重要性及有效性，對於第一線所發生情況抱持欲一探究竟的態度，在坐困辦公室陷入苦思之際，到現場走一趟。

關鍵在於能否打破沙鍋問到底

問題務必一層層向下挖，無論從假說的建立，或假說的進化層面來說都是如此。

例如，當訪談對象談到：「本公司的A商品市占率很高，深獲市場好評」時，除了回應：「這樣啊！」並記下：「A商品市占率高」之外，還要繼續深究。

這時，應該追問：「為什麼A商品的市占率這麼高？」接下來，就算受訪者回答：「因為A商品具有強大的商品力」，也不能到此為止，得繼續往下追問：「你覺得強項是什麼？」目前為止，一直對答如流的受訪者開始沉默，並思考：「自家商品與競爭商品相較之下，究竟好在什麼地方」時，那就表示訪談已經開始深入。

受訪者沉吟片刻之後，答案如果是「A商品的多功能性得到消費者的喜愛」、「本公司的產品特別注重商品的設計」之類的回答，則受訪者已經掌握產品A商品力強大的關鍵。換句話說，當你確實問出受訪者心中所認定的商品力關鍵所在時，才算做到問題的追根究柢。

訪談的重點在於讓對方吐露真言。為達目的，有時得使出冷不防的招數，一針見血、直搗核心，讓對方一時語塞、答不上話。

例如，假設商品開發的負責人認為產品滯銷的原因出在廣告、宣傳效果不彰、業務部門怠惰。如果，訪談時你對該負責人說：「產品滯銷的原因恐怕出在商品力不足吧？」，接著又毫不留情地再補一槍：「情況看來是這樣，關於這一點您有什麼看法？」，這麼一來，負責人會說出心裏真正的答案。

訪談不能一味求氣氛融洽，必要時就算冒犯對方還是得問。例如，當你聽到「新產品的行銷方式失敗，導致出師不利」之類的話，非得往下追問——是產品本身有問題？還是廣告、促銷策略失當？是通路策略錯誤？抑或價格策略失敗？

當然，此舉可能一個不小心就觸怒對方，切記不可傷害對方的自尊心。例如，如果採用這種說法：「您的做法有誤，讓我來教您該怎麼做」，那百分之百會惹火對方。詢問方式最好是讓對方自行察覺，或者發現當初想法可能是自己的一廂情願。這一點也不難，只要心裏抱持敬意，說話態度、詢問方式自然而然就會是如此。而且，直搗核心的詢問方式，也有助於對方發現問題的本質，掌握解決問題的線索。

問題進化，假說也跟著進化

有時候訪談是依部門別與A、B、C三個事業部分別進行。雖說訪談大綱是事前擬好的沒錯，可是，生手訪談起來可能真的從頭到尾對A、B、C事業部都用同一套問題。這樣所得到的答案恐怕也是大同小異。

反觀高手的做法是，首先與A事業部進行訪談，對於「答案可想而知，沒必要再次發問」的問題，就不再詢問B與C事業部。反之，訪談A事業部過程中，若有部分問題覺得「應該繼續追根究底才能找出真正答案」，則對B與C事業部提出追加問題。倘若與B事業部訪談過程，又得到不同結果時，則準備有別於A、B事業部的問題來詢問C事業部。

換言之，每完成一件訪談，就必須將結果反芻咀嚼，並對照訪談目的，思考訪談內容是否需加以調整，而後進行下一回合的訪談。好的訪談就必須像這樣做到讓問題升級的地步。

同時，很重要的一點是，**訪談過程不需要死守原先設定的問題順序，應該視對方的回應方式、回答內容臨機應變調整發問**。

以這種態度探究事實，比較容易建立好的假說。再者，有時在訪談過程中提出自己的假說，也能讓假說得到驗證、進化的機會。

務必撰寫訪談備忘錄

訪談備忘錄的目的有三，分別是：1.幫助自己釐清頭緒，2.方便與人分享訪談所得，3.方便做為簡報資料的依據。依目的不同，記錄時得注意不同要點。

目的1　幫助自己釐清頭緒

為了讓自己釐清頭緒，首先要將備忘錄的內容建立架構。訪談過程寫下的備忘錄，通常是聽到什麼記什麼，因此是依照時間先後來記錄。然而，訪談對象的回答內容往往跳來跳去，導致備忘錄很難依話題別而各成體系。

因而，必須將備忘錄加以組織。例如，針對問題現象的部分，針對發生原因的部分，針對可能的解決方案部分等，依談話內容別各自進行整理；或是依訪談對象屬於業務、開發或人事等職務別而加以組織。備忘錄的架構化，要做到讓人一目瞭然的地步。

若有假說的驗證結果，也應該一併記下。

在驗證假說的階段所進行的訪談，通常訪談者在訪談前已經有強而有力的假說。在這種情況之下，應該將假說的正確性交由訪談對象判斷，例如從第一線觀點來看假說是否合理，或者從企業領導人的角度來看，能否接受此一假說。此時，訪談備忘錄應該詳細記錄該假說的驗證結果，例如，自己的假說為對方所認同、拒絕；或是大致接受，但提出若干問題點等。

目的2　方便與人分享訪談所得

與人分享資訊時，需將備忘錄內容區分為主觀、客觀之別。自己想法、見解乃出於主觀，訪談對象所說內容則是客觀，因此，應該將對方的陳述以及自己的想法明確區分。

目的3　方便做為簡報資料的依據

引用訪談備忘錄為資料來源時，切記務必加以「量化」。例如，當對方提到「新產品一上市，隨即帶動營收上揚」、「市占率提高」之類訊息時，要詢問具體數字予以量化，如上升幾個百分點、增加了多少金額、多賣出幾個等。少了量化資訊，即便你記下「營業額增加」、「市占率提升」，根本稱不上有用的備忘錄，畢竟「增加一％」和「增加五〇％」的差距有如天壤之別。

學會上述幾項訪談方法，能讓你問出訪談對象的內心話，並藉以發掘事實。這將是建立假說的扎實基礎。

5 如何動腦以順利建立假說

刻意地「靈光一現」

最後我要說明的是如何以靈感建立假說。人為什麼會有靈感？答案應該因人而異吧？提供幾個有助於靈感浮現的頭腦運作方式，也就是讓你腦筋動一動的訣竅。

人們往往不知不覺地根據刻板印象看待事物，以自己擅長的方式思考所有事物。只不過，有時這會阻礙新假說的形成，因此，需要有意識地改變頭腦的運作方式。如此一來，你會開拓前所未見的新視野，激發出新的假說。

改變頭腦的運作方式，用一句話來說，就是較平常更廣泛運用腦力。至於如何廣泛思考，提供三種方法：對角思考、兩極思考、零基（zero-based）的思考。

方法1　對角思考

所謂對角思考，可從以下三種角度進行：客戶／消費者的觀點、第一線的觀點、競爭對手的觀點等。

①客戶／消費者的觀點

構思如何推銷產品之前，試著想像使用者是哪一種人？在什麼地方、又為了什麼而選購、使用自家產品？徹底化身為使用者，了解使用者的真實感受，有助於產生新的假說。

舉個例子，請想想看手機的普及對自家公司業務有何影響？關於這個問題，重點不在使用手機對於自家公司業務將造成什麼影響，而在於消費者習慣使用手機將對自家公司的業務造成何種影響。乍看之下像在玩弄文字遊戲，事實上兩者大不相同。

例如，從事影片出租業的Culture Convenience Club公司，旗下有TSUTAYA連鎖店，過去以寄送促銷明信片為主，現在則多以手機簡訊取代明信片。明信片一張成本不下五十日圓，理所當然該選擇成本幾近於零，能節省成本的簡訊。這對自己公司來說，是使用手機所帶來的好處，也就是「對自家公司有何影響」的思考方式。而採用「消費者習慣之後對自家公司有何影響」的思考方式又會是什麼呢？過去通常以明信片寄發免費租用券、優惠券，然而去到店裏記得把明信片帶在身上的人少之又少，更正確地說，其實這件事情很麻煩。通常是碰巧有時間晃到店裏逛逛時，偏偏明信片沒帶在身上。相形之下，以手機傳送優惠簡訊的替代案，對於可能忘記錢包，卻不會忘了帶手機出門的現代年輕人來說，真是再方便不過。

如果做生意總是以企業為本位，卻沒有站在消費者立場思考，則失敗機率將大為提高。NTT的IC電話卡就是一個典型的例子。NTT由於過去的磁條電話卡遭到偽造引發種種問題，因而開始導入IC式電話卡藉以取代傳統電話卡。然而，站在消費者的立場，新的IC電話卡較之傳統電話卡，不但沒有任何額外功能，更因為電話機數量太少，很難找得到可使用的機器。在這種情況下，計畫當然無法順利推展。反觀JR東日本的Suica（類似悠遊卡，可用於公共交通運輸的非接觸式ＩＣ智慧卡，同時也具備電子錢包的功能），與傳統的預付磁卡io-card比較起來，便利性則明顯更高，不僅能額外加值，能和定期票合併使用，定期票不幸遺失時，還可申請補發。

②第一線的觀點

第一線指的是「實地、現場」，因此，避免總是坐在總公司辦公桌前閉門造車、悶頭苦思。**為了掌握第一線觀點，請實地到現場走訪，親自體驗並觀察所發生的具體事實。新的假說往往由此產生。**

以零售業為例，有些店家看起來不過是日復一日單調重複著日常事務而已，業務就蒸蒸日上；有些店家則是看起來光鮮亮麗，賣場陳列頻繁更動，商品也不斷推陳出新，然而生意卻總是欲振乏力。這也是實際到現場走一趟就能了解，日用品愈是每天擺放不同位置，消費者愈是感到困擾；想找的東西隨時可在固定位置找到，對消費者而言才是最貼心的做法。然而，坐鎮總公司、企劃部門的人，往往把事情想得太簡單，以為只要想想新點子就能刺激買氣。當然，偶爾推出新商品增加新鮮感是必要的，否則消費者會心生厭煩。不過，這和流行時尚講究新還要更新，與加工食品的老牌商品愈陳愈香的情況有所不同。光是坐鎮總公司盯著電腦報表根本看不出所以然，非得靠親自走訪現場來激發新想法，否則起碼也得把腦袋調整為第一線觀點才行。

再舉一個例子。以前我曾經擔任過顧問的企業，他們的分店、營業所等第一線的業務單位人員，認定總公司就是妨礙工作的絆腳石。原因是，總公司經常命令他們做這做那，每天都有不同的指示，而且一下子要這個數據、一下子要那個資料，只會增加他們的工作量。但說到幫助現場增加營收，卻是連個影子也沒有。

反觀總公司的想法是，總公司絞盡腦汁構思得來的事情，卻總是無法叫得動現場的業務單位落實執行，如果這些第一線的單位能夠落實推動，肯定成效卓著，無奈總公司總是叫不動這些單位的人。解決這個問題的辦法之一，是總公司必須將自己的角色定位成為「後勤支援部隊」，全力協助第一線單位的工作與業務順利進行。因此，該企業徹底針對過去總公司與第一線單位的往來事宜，重新全盤檢討。總公司執行策略不再以上對下發號施令的方式進行，總公司的主要業務僅限於對於第一線有幫助的事情，同時，總公司要求第一線業務單位提供報告的情況，減少到最低程度。結果是，第一線的士氣大振，業績也獲得大幅改善。

③競爭對手的觀點

你是A公司的員工，假設你是競爭對手B公司的員工，你會如何看待A公司？站在競爭對手的角度思考，是一種非常有效的思考方式。

競爭對手或許會針對自己所屬公司的弱點奉上致命一擊。假設如此，那麼就必須思考該如何補強弱點；還是正面迎戰、事前做好反擊的萬全準備？例如，戴爾（DELL）電腦開創接單後生產（BTO，build-to-order）模式直銷電腦時，Compaq、IBM之類傳統產銷方式的企業該如何因應？應該以強化傳統的預測生產（BTF，build-to-forecast）模式為對抗之道，或者跟進戴爾採用直銷模式？

反之，試想競爭對手也可能針對我方強項，發動正面攻擊。此時，又該如何因應？例如，在我方產品力強大的情況下，對方會開發類似的新產品以站在同一個競技場打敗我們？還是採取另闢新戰場開發新產品的戰術？前者「開發類似新產品」的例子，要屬豐田汽車推出凌志（LEXUS）以挑戰賓士（Mercedes-Benz）。後者「另闢戰場」的例子，就如朝日啤酒開發新款啤酒「Dry Beer」（糖分低、酒精含量與酸度高的啤酒，口感清爽，喝過之後不留厚重餘味），與麒麟啤酒的「Lager Beer」（窖藏啤酒）一決勝負。

此外，對手也可能出乎意料之外，根本無視於自家公司的存在。在這種情況下，或許難免會產生期待落空的感覺。然而，這很可能是對方輕視或者尚未察覺到本公司策略的關係，其實是千載難逢的機會。另一方面，或許我們認為對方是市場的領導廠商，對本公司的新產品應該不會看在眼裏！其實，對方說不定隨時都在密切注意本公司動向，準備一有動靜就立刻出手反擊。在這種情況下，就不宜貿然擺出競爭的架勢。以上每一套劇本都可能發生，這就是所謂的假說。

自家企業習以為常的事物，從競爭對手的角度，說不定是求之不得的經營資源，這種情況尤其常見於具有知名度的品牌。既然如此，目前為止習以為常而未受重視的經營資源與強項所在，就值得我們以此為出發點去打造新策略。

從實際案例學習

接下來，提供一個企管顧問透過對角思考為客戶創造價值的案例。

我以前曾經擔任某高價位機械設備製造商的顧問工作，如果將該公司各部門列出「受重視程度排行榜」的話，就像其他企業一樣，機械開發部門名列第一，將機械賣給客戶的銷售部門排名第二。機械一旦出售之後，負責維修工作的子公司地位無足輕重。然而，當企管顧問深入了解客戶的購買傾向，以及尚未獲得滿足的需求時，發現最能掌握客戶需求的是維修部門，同時，最大的商機就在這裏。於是，我們提議捨棄過去由上游往下游延伸的傳統價值鏈（**value chain**，是指創造價值以提供客戶的一連串活動）概念，改為從下游發動，也就是採取與客戶有接觸的員工或部門為主導者的營運模式。由於這項提議形同將過去公司內最不重視的部門一舉提升到最頂點的關係，頓時反對聲浪如排山倒海而來。不過，當該公司意識到產品區隔創造的額外營收，遠不及靠維修賺取服務收入來得有利可圖，現已成功將營運模式轉變為有別以往的，以下游為起點的價值鏈體系。

這個道理應該也很容易套用在各位讀者的企業、行業。假設你所屬企業是製造商或原物料廠商，通常最關心的事情是，自己的產品要賣給誰？怎麼賣？如何賣到更好的價格？建議換個角度思考，假設你們是購買本公司產品以從事生產的製造商，或是進貨以

從事銷售的物流業者。站在零售業者的立場，對本公司的評價說不定是，產品品質雖好，可惜價格過高，很難賣也不想賣。也可能認為該產品經常斷貨，造成消費者的不便，因而不積極推銷。又或者覺得，你們和競爭對手比較起來，並沒有任何優勢，持續進貨的理由不過是看在多年關係的份上。

假設你任職於總務部門，長期以來飽受生產、行銷單位第一線人員的抱怨，不斷被他們找麻煩，建議你設身處地站在對方立場想一想。應該會有不同的體會。等你習慣之後，過去非得透過實務經驗或當面請益才能學會的事情，漸漸地，會變成以想像就能找到解答。

方法2　兩極思考

第二種方式是「兩極思考」，也可說是兩極端的思考方式。如前所述《戰爭論》作者克勞塞維茨認為，前景不明的情況下要穿透重重迷霧，「凡事應從兩極端加以探究」。例如，「戰爭」以外，是否存在追求「和平」的可能性？「攻擊」以外，是否容許徹底「防禦」的想法？以兩極端為出發點的思考，有助於看清事物的本質。探究「兩極端」能幫助我們培養判斷的技巧，在無數的事件、關係當中，認清最舉足輕重，最具關鍵者為何。

請看一個具體實例。通貨緊縮的時代，通常大家都會考慮是否該調降產品售價。該降？不該降？如果該降價，那麼該降多少？其實，這時候才更應該思考，如果提高自家產品的售價會有什麼後果？

例如，五百張要價三百日圓的影印紙，如果漲到四百日圓的話，結果，多半是滯銷一途吧。影印紙之類產品，沒有什麼品牌之別，除非基於特殊用途的考量，否則通常不會對紙質有特別要求。這種價格決定一切的商品稱為大宗物資，通常需求的價格彈性非常大。也就是說，客戶購買自家產品與否，很可能完全取決於價格。在這種情況下，一旦競爭對手降價，也只能忍痛跟進。

反觀高級名牌LV的情況。假設，原本定價九萬日圓的皮包，漲價到十萬日圓。業績會下滑嗎？以我看來，不會有多大影響。再假設價格降為八萬日圓，情況又會是如何？短期間，業績或許會應聲上揚吧，可是中期來看，降價很可能帶給消費者負面的印象。一旦消費者產生「人氣退燒？」「不再是流行指標？」的疑慮，則業績不要說是上漲，逆勢下挫的危險性反而更高。

綜合以上，不要一味單方向思考，從相反角度進行逆向思考，可幫助企業認清自家商品、服務得到客戶支持的理由。如果理由在於功能、成本以外的因素，例如品牌、售後服務、長期的穩定貨源、按時交貨等，那麼即便通貨緊縮的時代，應該也不需要大幅調降售價才是。

方法3　零基思考

最後，要介紹的是零基思考。這是一種不受既有框架侷限，面對目標，以一張白紙為出發點的態度。如果依循既有框架，視野會因過去案例或種種規範而趨於狹隘，導致無法找出達到目標的最適方法。因此，「重回原點的思考」態度，在建立假說之際更顯重要。

舉例來說，假設你是主掌客訴事宜的客服中心負責人。如果依據公司政策，欲將目前由一百人所從事的工作，訂定「人數砍掉兩成」或是「成本降低二〇％」的目標時，每個人都能提出許多辦法。例如建立工作手冊求取效率化，使平均客訴處理時間降低兩成；詳細分析來電客訴的時間帶，將所需客服人員控制在最低限度；或是將工作委外辦理等種種方法。

可是，如果公司一道命令下來，決定「以目前的一半人力去做」，或是「成本降低七成」，那該如何是好？先前所提效率化有其極限，唯有另起爐灶重新思考。例如，只要客訴事件發生，自己部門就有工作上門；可是一旦客訴事件為零，也就是沒有任何客訴事件發生時，那麼客服中心就不會產生任何工作。如此一來，不要說是成本削減七成，就算是百分之百降低成本（cost down）都有可能。因此，應該分析發生客訴的原因，如果問題出在工廠的品質管理，那麼就徹底執行生產管理、品質管理；如果問題在於說明書解釋不清，使消費者產生疑問，那麼就該重新編寫產品說明書，從根本杜絕客訴。當然，即便客訴案不可能完全降為零，只要降低幅度夠大，客服中心就能大幅降低成本。

另一方面，假設一定會發生客訴事件，但是成本非降不可的情況，則得朝向無限調降成本的方向思考。由於客服中心的主要成本來自人事費用，要大幅砍掉人事費用，則把客服中心遷往人事費用只要日本的十分之一，甚至二十分之一的中國，或許是縮減成本的可行方案。

當你暫時跳脫現況，重新思考時，會產生具有創造性的假說。當你走投無路時，重回原點的零基思考，重要性肯定是無庸置疑。如果平時就能養成這種習慣，一定更能有效提出成效卓著的解決方案。

如果從一開始，就把脫離現實的假說排除在外，那麼思考往往會被侷限在常識的範圍內，無法看清真正問題或原因所在。因此，剛開始時，應該擺脫框架的桎梏，盡可能多面向思考。而後，再將脫離現實的假說，或是出現反證的假說一一排除。

6 好的假說有何必要條件？與不好的假說有何差異？

條件1 能夠往下深究

前文對於假說的建立方式，做了一番說明。關於假說，除了對與不對的區別以外，還可分為好的假說與不好的假說。為了避免讀者誤解，容我再次說明，BCG內部並不以「對」或「錯」，定義假說的「好」或「壞」。也就是說，BCG內部並不會以這個假說是否正確，來決定這個假說的好與壞。比方說，有些假說雖然事後證明是錯的，但是因為該假說能夠經過驗證，而且與行動產生連結，BCG內部還是會把它歸類為「好的假說」——因為，即使假說有誤，只要能夠據此建立新的假說，或是刪去某個選項，工作還是可以持續進行。

那麼，好的假說與不好的假說到底有何差異？

試想你面對這個指示：「調查業務人員績效不彰的原因，並擬定對策」。假設，你提出以下假說：

假說①：業務人員的效率差

假說②：業務人員多半不出色

假說③：新進業務人員專業訓練不足

這些假說絕對不能說錯，只不過，稱不上好的假說。那麼，怎樣才稱得上所謂好的假說？例如，就如以下假說：

假說④：業務人員忙於文書作業，沒空外出拜訪客戶。

假說⑤：業務人員彼此少做資訊交流，業務高手的 know-how 未能分享他人。

假說⑥：營業單位負責人身兼業務人員，導致時間被業務活動占用，無法指導或帶領新進人員。

請比較一下。前三項假說與後三項好的假說，其差異應該是一目了然吧。

首先，假說的探究方式有別。好的假說不是只用短短一句「業務人員的效率差」（假說①）交代過去，而是深入探討效率差的原因。也就是說，業務效率之所以這麼差，是不是「業務人員忙於文書作業，沒空外出拜訪客戶」（假說④）所導致？

同樣地，「業務人員多半不出色」（假說②），問題是否出在業務高手儘管擁有一身的 **know-how**、銷售話術與好用的工具，然而「業務人員彼此少做資訊交流，業務高手的 **know-how** 未能分享他人」（假說⑤）？

至於「新進業務人員專業訓練不足」（假說③）的問題，是不是因為原本該擔起新進業務人員教育訓練工作的營業單位負責人，由於本身亦有客戶在身，而忙於照顧自己客戶，甚至本身也背負沉重的業績壓力，導致無法指導新進業務人員？換句話說，應該是「營業單位負責人身兼業務人員，導致時間被業務活動占用，無法指導或帶領新進人員。」（假說⑥）

這樣的假說才是好的假說。你得往更深一層思考「為什麼會這樣」。

如何做到？建立假說之際，要不斷問自己「所以那會怎樣？」「所以那該怎麼辦？」

（So what？）。例如，假設「一年之內體重暴增十公斤」。你心想：「所以那會怎樣？」答案是：「肥胖有害健康」。於是，你又想：「所以那該怎麼辦？」答案是：「做運動」。接著，再往下想：「所以那該怎麼辦？」於是，就歸結到具體行動：「每天慢跑」。像這樣反覆自問「So what？」**直到事情有具體化結果出現，這就是深化假說的訣竅**。

條件2　與行動連結

針對好的假說所舉的例子：假說④、假說⑤、假說⑥，每個都有做到深入探討。於是，一旦假說證明為真，就可立刻發展出可行的解決方案。這是好的假說的條件之二。反之，假說①、假說②、假說③即便證明為真，仍無法從中導出明天起可以採行的解決方案。

舉例來說，即便你提出這項假說：「業務人員的效率差」（假說①），可是只丟下一句：「拿出工作效率來」，一般的業務人員不會知道該怎麼做。

不過，如果你的假說進化為：「業務人員忙於文書作業，沒空出外跑業務。」（假說④），那麼，就能發展出一些具體的解決方案，例如：「設置一位助理專門處理文書作業，方便業務人員經常外出」、「運用IT技術，將文書作業時間減半」、「業務日誌與業績無關又占去許多文書作業時間，因而加以簡化」。

總而言之，好的假說有兩大要件：「能夠往下深究」、「能與具體解決方案或策略產生連結」。

建立好的假說，為什麼很重要？

好的假說一旦形成，問題往往就迎刃而解。

①及早發現問題

以前文所提業績欲振乏力的例子來看，為了發現問題，不僅要找出業務效率偏低的表面問題，更得深入探究效率差的原因。

再者，還得建立一個以上的多項假說，同時驗證假說以確認導致業務效率惡化的最大原因。例如，業務人員每天忙於應付文書作業雖然也是可能原因，然而，客戶所訂貨品未依約定按時送達、客戶的付款確認未能及時處理等，諸如此類與業務人員專責事務無關的問題發生時，業務人員忙於處理這些問題，也可能造成業務效率被拖垮。在這種情況下，僅從改善業務面下手，業績也不會好轉，也就是說問題無法解決，所提解決方案有誤。

想要發現問題的真正原因，建立經過深入探討的多項假說，占有舉足輕重的地位。

②及早擬定解決方案

為提出有效的解決方案，重點在於深入探討假說，提高詳細、具體程度，藉此讓假說得到進化，以發展解決方案。

③有效篩選解決方案

針對業績不振的問題提出假說之後，可連帶推演出多項解決方案。不過，還得從中選擇有效者加以執行，因此必須篩選解決方案。此時，必須就業務效率差與業務人員專業訓練不足等問題，判斷孰輕孰重。因而，必須建立更深一層的假說，並進行驗證。如果結論是，業務人員專業訓練固然有所不足，不過相形之下，業務效率差的問題更為嚴重，那麼就應該優先採用改善業務效率的解決方案；反之，如果根據判斷，提高每一位業務人員的素質較之業務效率提高二〇至三〇％，更有助於提高業績，則改善業務效率的解決方案就可暫時擱置，把火力集中在業務人員的教育訓練上。

總結以上，篩選解決方案之際，假說也扮演重要角色。就解決問題而言，假說的重要性不言可喻，而且，假說必須是經過深入探索的好假說。要建立好的假說，不可在提出假說之後就停下腳步，而必須往下探索，使其進化。

基於這個理由，下一章所要探討的「驗證」技術就益顯重要。

7 組織假說

明確區分大小問題

建立的假說必須深入探討以求進化。介紹一個深化假說的簡便方法——議題樹狀圖（Issue Tree Diagram），亦即將論點加以組織的途徑。這種方法，是藉由如【圖表3-4】的樹狀結構，將假說以系統化方式組織起來。如此一來，問題即可明確區分其大、小。

在根據訪談結果建立假說的段落，曾提到一個案例：「儘管產品做得這麼好，消費者還是不捧場，請協助調查原因，並擬因應策略」，再次引用同一案例，藉以說明這個方法。

【圖表3-4 論點架構化的議題樹狀圖】

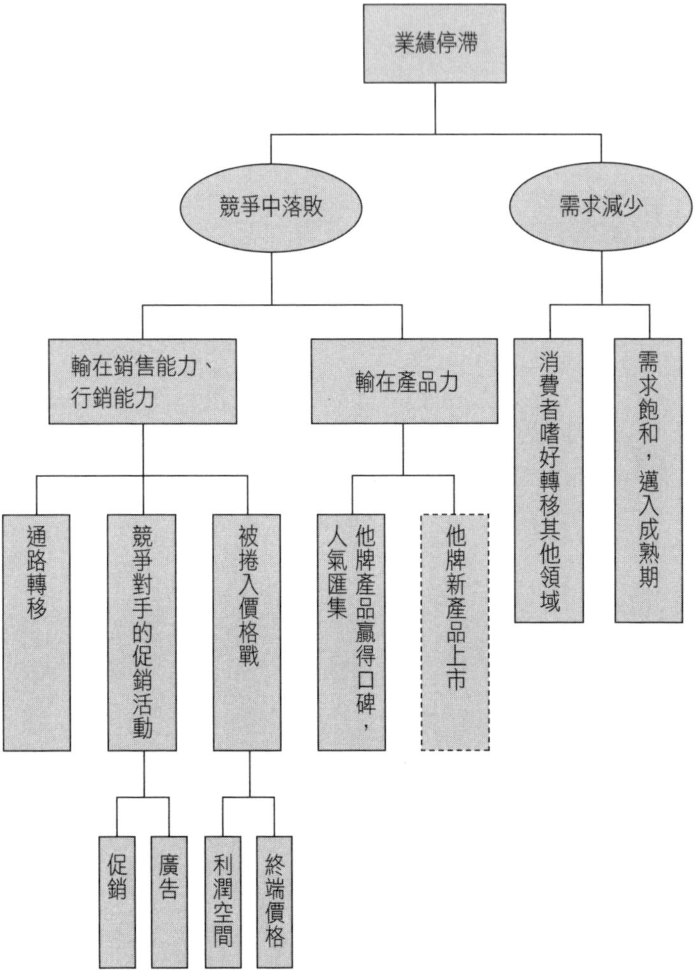

案例分析 將業績低迷的原因架構化

首先，把業績欲振乏力的問題加以組織。業績差的時候，可以想到的主要理由不外以下兩項：

1. 總需求減少，導致市占率維持不變的情況下，營收呈現下降。
2. 總需求並未減少，甚至有增加之勢，惟本公司營收仍逆勢下降。

換句話說，本公司被競爭對手打敗了。

將兩者明確區分，再仔細思考。

假說1 總需求減少↓總需求為什麼減少？

需求本身有所減少的情況，要進一步思考需求減少的原因是什麼？

例如需求趨於飽和，邁入成熟期階段的情況。手機就是最好的例子，不僅新用戶減少，手機更換頻率也不再像以往那麼高，手機市場需求明顯已趨飽和，開始進入成長衰退期。

此外，也不排除消費者嗜好轉移其他領域的可能性。舉例來說，當女高中生在手機方面花費較多時，以她們為主要客群的流行服飾業界就會面臨全面性的需求萎縮。

假說2—①　被競爭對手打敗→產品力不如人

競爭中落敗又可進一步分為以下兩種情況：

①輸在產品力

②輸在銷售力、行銷力

產品力不如人的情況，還可細分為兩種。一是，他牌推出新產品，這個案例他牌並未推出新產品，因此以虛線表示。

不過，事實上被他牌所推出的超強新產品給打敗，這也是常有的事。例如麒麟啤酒的，Lager Beer輸給朝日啤酒的Dry Beer，就是最典型的例子。

此外，產品本身沒有變化，然而他牌產品以絕佳口碑，贏得市場人氣的情況也不無可能。這項假說既不完全屬於產品力，也不屬於銷售能力、行銷能力範圍，有些處於灰色地帶，不過這個案例暫且列入產品力。

假說2—② 被競爭對手打敗↓銷售能力、行銷能力不如人

關於銷售力、行銷力不如人，還可依據所設想原因進一步分為以下三種情況：

A 被捲入價格戰。

B 競爭對手推出極為成功的促銷活動。

C 消費者購買商品的通路改變，轉向本公司較居弱勢的通路。

被捲入價格戰的情況，可細分為以下兩種可能：

a 終端價格（民眾實際購買價格）出現削價競爭的情事。

b 終端價格並未遭到破壞，然而競爭對手提高通路體系中批發商與零售商的利潤空間，誘使批發、零售業者積極向消費者推薦該廠牌商品，導致本公司的產品滯銷。

關於競爭對手的促銷活動成功，可細分為兩種可能性：

a競爭對手砸大錢在宣傳效果佳的電視廣告、報章雜誌廣告上。

b廣發促銷文宣、DM，派遣促銷美女積極進行促銷活動。

依據這種方式，以議題樹狀圖的形式，將論點往下展開，形成組織化體系。

透過驗證將假說去蕪存菁

當然，一旦過程中發現總需求並未減少，【圖表3-4】的議題樹狀圖中，針對需求減少所發展出來的右半部可刪去不看，全力調查左半部有關在競爭中落敗的樹狀體系即可。其次，若再進一步確認產品力並不輸人時，則只需針對銷售力、行銷力不如人的部分進行調查。

如上，將所建立的假說經由驗證而縮小範圍，再針對可能的假說往下建立次一層的假說，進而驗證。周而復始進行的過程中，使假說得以進化，這就是議題樹狀圖的應用方式。

運用這種方式，驗證假說之際可收一目了然之效，亦有助於說服討論對象。例如對方有所質疑時，即可根據這張樹狀圖，有憑有據地指出：「這已完成驗證」、「這是錯誤的」，藉以說服對方。

第四章

驗證假說

The BCG Way—The Art of Hypothesis-driven Management

1 透過實驗進行驗證

日本7-ELEVEn的實驗——高價御飯糰會暢銷嗎？

假說要經過驗證，使其進化。驗證方法有很多，介紹三種主要方法：①透過實驗進行驗證，②透過討論進行驗證，③透過分析進行驗證。當然，這些方法並非各自單獨進行，通常企管顧問會穿插使用。

驗證假說最確實易懂的應屬實驗方式。尤其，在第一線所展開的實驗更是清楚明確。

前文提過的日本7-ELEVEn例子完全符合這個說法。針對消費者的需求，必須蒐集資訊、分析現狀，並建立假說，爾後經過驗證，再針對應修正之處朝滿足消費者需求的方向進行調整。就如**7-ELEVEn**針對御飯糰所做的獨特驗證。

若干年前，有段期間消費者吃膩御飯糰，產生「遠離御飯糰現象」。看看日本**7-ELEVEn**為解決這個問題，做了什麼事？

昭和三〇年代（西元一九五五至一九六四年），超市由於商品價格的低價化而歷經了一段業績高度成長的黃金時期。然而，在物資過剩的今日，相較於價格，消費者更重視的是味道、品質之類的商品價值。因應如此時空變化，日本**7-ELEVEn**建立了這樣的假說：「只要優質、美味，就算御飯糰一個賣兩百日圓仍有人買」。由於當時御飯糰的平均售價多半在一百至一百三十日圓之間，導致同業為此一片譁然：「他們到底在想什麼？」

日本**7-ELEVEn**針對消費者的「遠離御飯糰現象」，開始去驗證問題究竟是降價就能迎刃而解，還是品質不夠吸引人？首先，他們抱著虧錢的決心，把幾乎所有御飯糰的價格都調整為一百日圓。結果，接下來的兩至三個月時間，業績成長了兩成左右。接著，推出售價兩百日圓的高級御飯糰，沒想到竟創下業績成長遠高於低價御飯糰的紀錄。

如上，根據假說進行實驗，能夠完全掌握消費者需求。

索尼（SONY）的消費者刺激型開發策略

介紹另一較為特別的個案，這是一種以消費者反應為前導的研發手法，稱為消費者刺激式研發策略。這種策略是在產品開發的過程中，密切保持和使用者的對話。

製造商的產品開發通常是根據市場調查的結果，確定產品的最終概念，而後將開發完成的產品上市。相較於此，消費者刺激型開發方式則把未必是最終產品的先導產品直接交給使用者，再根據反應調整開發方向，幾經調校直到最終產品概念底定。亦即，這種產品開發型態，在過程中同步進行假說的驗證。

話說索尼開發CD播放器（CD Player）時，採用的正是消費者刺激型研發策略進行研發。當時，索尼要開發這種市面上尚未存在的創新產品，開發團隊對於該採取什麼設計、納入什麼功能、上市價格該如何設定等傷透了腦筋。

設計風格該走簡約路線？還是要走多功能路線，納入錄音等相關功能？價位該走高價路線，還是平價路線？各種可能的選項繁多。在這個案例當中，就算展開市場調查也沒用，因為消費者本身並未見過所謂CD播放器，當他們面對詢問時，根本不知從何答起。話說回來，只憑開發團隊的單方面想法去做，風險未免太大。

於是，索尼決定聽聽市場怎麼說，而在三十一個月之內連續推出十五款CD播放器（參照【圖表4-1】）。兩年半左右的時間有十五款產品問世，即使在改款頻繁的消費性電子業界，這都算是罕見的特例。

索尼的具體做法是，首先讓五至六個機種同時上市。也就是，**把源於「好的假說」研發的產品投入市場，讓消費者驗證，依據則是銷售數字。**

假設，銷路最佳的是A款，則為了調查A款賣得好的原因，就直接從使用者去了解他們喜愛、不滿之處。並根據這些意見，以A款為基礎連續推出A1、A2……等產品。透過上述工作的反覆進行，索尼採取比平常更短的時間發現市場的甜蜜點（**sweet spot**，原意為能把高爾夫球打得最有力的擊球點，應用在商場上，指的是最適或最佳解決方案），亦即找到暢銷商品的成功關鍵。

【圖表4-1　索尼開發CD播放器流程圖】

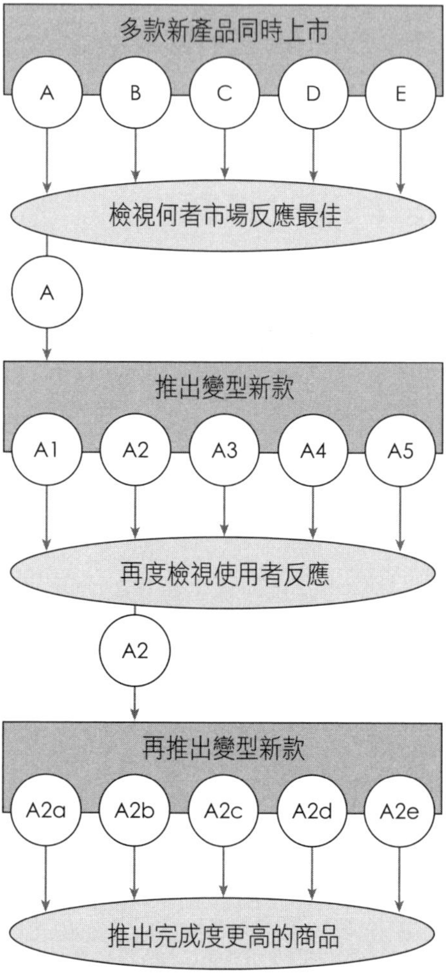

如果對哪個產品能得到市場認同沒有把握時，傾聽消費者心聲是上上策。不過，經由反覆驗證假說的過程鎖定暢銷商品，要取決於商品的開發速度。從開發商品，推出上市，根據回饋開發新款，到新產品問世，這個循環必須講求速度。如果推出一個產品得花上兩至三年，那麼就會失去意義。企業內部的開發體系必須具備在短短數月之內推出新產品的本事。

建立這樣的開發體系絕非易事，不過，一旦做到就能換來壓倒性的競爭優勢。索尼推出CD播放器之後，其他品牌隨即跟進推出類似產品。然而，每當對手新產品一上市，索尼就又推出更新產品，導致其他品牌只能跟在後面苦追，最後由索尼大獲全勝。

驗證假說非常重要。產品開發之際，市場調查是掌握消費者需求不可或缺的一環，然而，以今日消費者需求日趨多樣，以及趨勢更新快速的情況而言，市場調查往往派不上用場。尤其，開發市面上所無的概念性商品時，市場調查根本不足採信。什麼東西會大賣？問消費者就知道！話是沒錯，不過如果將此奉為聖旨那可就危險了。為什麼呢？因為，**有時候消費者未必能將內心需求完全表達出來，甚至，可能往往連自己需要什麼都不見得清楚**。因此，像索尼這樣由製造的一方將產品當做溝通訊息，一波接一波傳送給市場以刺激消費者，並視其反應反覆修正基本概念，如此產品開發策略有時也能收到極大成效。

市場測試法（test marketing）成效佳

消費者刺激型開發策略進行順利的話，效果會很驚人，不過前提是企業得有足夠的本錢。市場測試是退而求其次的，更為普遍的假說驗證法。

市場測試是指商品上市之際，在事先選定的市場或通路，以比照全國上市的條件（同樣的行銷活動、通路設定等）試行銷售。市場測試主要在測量初次購買、重複購買與廣告、促銷之間的連動性，瞄準日本國內的市場，在正式推出前針對產品規格、銷售計畫、產品訴求進行修正。這麼做能將生產計畫的風險極小化，並提高行銷活動的效益。

順帶一提，日本進行國內市場測試時，通常以靜岡、札幌、廣島等地為實施對象。原因包括這些地區的所得分布、嗜好等分布情況相當平均，可視為全國市場的縮影，這些地區也具有完整多樣的廣告媒體等。

市場測試事實上就是在驗證假說。例如，假設電視廣告有A、B兩種版本，想確定哪一種較好時，可先在部分地區播放看看。又例如，想知道A、B兩種產品包裝哪一種較具吸引力時，可在部分地區試賣看看。全國同時上市所需成本太過龐大，因此先在特定區域試試水溫。先導性的測試在計畫正式展開之前進行，可得到準確率相當高的驗證結果。

有些企業只憑一時動念，未經驗證就正式展開行動，而遭受重大挫敗。至少做過一次驗證，使假說得到進化之後，再正式推動計畫，這樣應該可使原先風險大為降低。

實驗驗證法只適用於特定情況

透過實驗來驗證的道理不難了解，不過僅適用於特定情況。例如，店內設計、商品陳列的變動等，就適用實驗驗證法。服飾、食品之類重複購買率高的行業所進行的產品改良，廣義來說也是假說、實驗、驗證的反覆過程——這些行業較容易透過實驗進行驗證工作。

反觀汽車廠商、製藥公司等開發費用龐大，容易大賺大賠的產業，要進行實驗就沒那麼容易了。再者，有關企業的重大決策，例如，跳過批發商、開創新事業等影響層面較廣的情形，實驗也都不適用。

此外，即使只是牽動層面較小的決策，一旦重複進行實驗，對於企業而言仍將造成相當大的負擔。

因此，接下來的討論驗證法與分析驗證法，就現實層面而言，意義更為重大。徹底的討論與分析，能有效提高假說的精準度。有時，根本不用進行實驗，就足以讓假說進化到精準度相當高的地步。

2 透過討論進行驗證

成員與場所不拘

無論建立假說、驗證假說、深化假說之際，討論都是很有效的方法。討論稱得上是假說思考的基本技術。

討論更是驗證假說的好機會。雖說自己提出的假說，自己來驗證也是一種方法，不過，在經驗還不足夠的階段，並不容易做到。不如透過與他人對話來進行驗證，這樣不但節省時間，也輕鬆許多。

參與討論的成員與進行場所並無特定限制。例如，和團隊成員、同事、上司或下屬討論過程中，提出自己的假說尋求意見。企管顧問的話，可用方法包括直接與客戶討論自己的假說；或是直接與市場上的物流業者、消費者討論。哪怕客戶不認同你的假說，只要能獲得末端使用者的青睞，就會是強而有力的說帖。

前文所提的訪談也可說是廣義的討論。如果訪談時不要只是拘泥於採訪，還能將事前準備好的假說提出討論，那麼解決問題的速度將會進一步提高。

自己一個人閉門造車難免有盲點，更糟糕的是，萬一陷入死胡同，則往往在不自覺的情況下原地打轉。多和同事或相關領域的前輩討論，能讓自己見解更加進化，避免理解錯誤或一廂情願的情況發生。而當你需要提出驚人的大膽構想時，那些在該領域屬於門外漢、但見多識廣的人物，或是資歷尚淺者，反而能協助你激發出前所未有的創見。

切記！公司內千萬不要怕丟臉

最常見的討論要屬公司的內部討論。BCG也經常可見，有的是專案成員在會議中各自提出假說與眾人討論；有的是和專案計畫無關的成員進行自由討論。

剛開始時，就算內心有想法，也會擔心萬一假說出錯，豈不丟臉？可是，年輕人就該不怕失敗、勇於犯錯。事實上，一個人悶著頭苦思，往往只是浪費時間，不如及早把想法提出來討論。甚至還可以這樣做，把還很粗略的假說大膽提出，交由對方判斷這個想法是很有趣，還是荒唐錯誤？

在公司以外場合參與討論時，若提出焦點失準的假說而顏面盡失，有時可能會造成嚴重問題。可是，**既然是公司內部的討論，那麼就算丟臉、出錯，都沒有關係。只要你記住「公司內千萬不要怕丟臉」的原則，那麼即使突發奇想的假說，也不妨提出討論。**如果只想避免丟臉，則會傾向把假說留待接近完美時，才提出與周遭討論、找出答案。然而，這樣實在太花時間，結果往往在有效解決方案出現前不了了之。因此，公司內千萬別怕丟臉，就算假說還不成熟也儘早拋出想法，在旁人的良性刺激之下進行修正，讓假說得以進化，這才是最重要的。

和專案小組成員以外的人聊一聊，或在非正式場合進行的討論，其實都有很大幫助。如果是必須保密的情況當然非得審慎不可，不過，在假說的驗證遭遇瓶頸時，往往能從中得到有用的線索。

預想假說的深化與進化

碰到這種狀況時，要提出自己的假說，進行驗證，進而深化並進化假說。

以過去的某個專案計畫為例，企管顧問提出一個假說：「將目前分散型電腦，整合為一部大型電腦，可以有效降低整體成本」。當時，許多企業認為大型電腦金額龐大，不如改用多部分散的小型電腦，成本效益反而更好。在小型化（downsizing）風潮大行其道之際，這位企管顧問竟然提出獨樹一格的假說。剛開始時，公司內部的討論也多有雜音。可是，和多人陸續談過之後，發現該公司的資料性質單純而數量龐大，因此與其採用多部中型電腦，不如集中於同一部大型電腦處理，工作效率與經濟效益皆可提升。這個假說經過小組討論得到進化，而後又進一步想像客戶的反應。多數小組成員認為，客戶恐怕會有疑慮：「想法是挺有趣的，可是這樣真的能辦到嗎？符合經濟效益嗎？」於是，專案小組也連帶從數字分析、技術面的實踐性等層面進行驗證，在經過確認的前提下，向客戶進行提案。結果，也獲得客戶認同並正式採行。

向客戶提出假說前，要經過分析

另一方面，企管顧問提供諮詢服務的過程中，有時也會直接向客戶提出假說。在這種情況下，不可單憑一時興起的想法就貿然向客戶提出，非得先經過分析不可。

例如，要向航空公司提出跳過旅行社、直接面對消費者的行銷構想。在訂機票可透過客服中心、網路、手機完成的今日，旅行社的存在意義愈來愈小。過去由於實質的紙本機票的關係，非得靠旅行社來交付機票不可，然而，隨著電子機票、無票化（ticketless）的進展，旅行社更失去存在意義。於是，「旅行社無用論」的假說成形。這時候，應該先針對透過旅行社與直接行銷的兩種情況，進行經濟效益的比較分析。

不難想像，客戶對此提案可能產生的意見是：「經濟效益是可以理解啦，不過旅行社還有附帶的授信功能」。意思是說，當消費者因某種原因而付不出票款時，旅行社就得負起代償的責任。因而，接下來應討論下一個問題：「以現狀而言，終端消費者的企業與旅行社比較起來，倒閉風險何者為高？」假設旅行社破產率高於一般企業，那麼透過旅行社的方式將面臨更高的授信風險。如上，透過討論可完成假說的確認。

有效討論的訣竅

進行討論之際，有哪些訣竅，又該注意些什麼呢？

訣竅1 一定要建立假說

首先，心中毫無假說、不具想法，猶如一張白紙去與人討論，一味想從對方口中得到答案，那未免太過一廂情願。**既然想從討論過程導出結論，則非得自己先有一套假說，再以此為起點展開討論，這是最起碼的原則。**如果自己沒有進入狀況，只期待對方給答案，那麼最終肯定什麼也得不到。

當然，假說不需要精確完美。就算還在半成品階段也無妨，重點是拿出檯面上談。「我不太有把握，只覺得……可能……」，就算這樣也沒關係，總之就是把假說大膽丟出來。就算不對，反正周遭一定有人對此問題相當了解，或者抱持完全不同的觀點，只要能經由討論，使假說得到驗證與進化就已足夠。

訣竅2　不否定假說，以進化為目標

討論過程中，如果有人提出半吊子的假說或錯誤想法時，通常直覺反應會想指出假說或想法的謬誤。然而，否定不會帶來進步，不要一味否定，應該提出建議，例如：「某某想法會不會比較接近答案？」「如果加入某某觀點，您覺得呢？」這是透過討論，讓假說獲得驗證，並得以進化的訣竅。

訣竅3　表面吵輸，實則贏家

討論的最大重點，在於聆聽對方說話。並且，站在了解對方發言真意，及其動機的基礎上給予回應。討論目的，不在於爭個你輸我贏，而在假說的驗證與進化。因此，與他人討論之際，要牢記這一點，甚至必要時不惜「丟掉面子，贏得裏子」。

訣竅4 小組成員要分工

想讓討論成功進行，有時得讓成員扮演不同角色。以成員組成為例，包括想法天馬行空的角色、對旁人意見採取批判態度的角色，或者彙整所有人意見的角色等。角色分配若正巧符合每個人的專長，那當然是再好不過。不過，必要時就算平常天馬行空的人，也可視情況要求他配合演出彙整者的角色。討論過程若有不同角色、不同個性的成員參與，討論面向會更寬廣，假說的驗證也會進行得更順利。

3 透過分析進行驗證

分析的基本原則：先求有，再求好

分析在驗證階段也很重要，不過，倒不見得要非常精確嚴密。為驗證假說而進行分析時，請記得，訣竅在於一開始採取「先求有，再求好」的粗略（quick-and-dirty）方式，進行初步分析，只需針對最基本的要素快速而簡略進行分析。有時，甚至是手邊信封隨手一拿，就在背面空白處開始計算，因此又稱為「信封背面」（back-of-envelope）分析法。

這種分析的主要目的在讓自己信服。透過快速驗證，了解自己所建立的假說是對是錯。

接下來，進行正式分析。這是用以說服他人，目的在避免細部的錯誤。不過，分析同樣不必講求嚴謹綿密而規模龐大，能否提供決策所需的判斷力才是最大重點。工作上的決策分析有別於學術論文的分析，學術論文的分析講究正確性與嚴密性，任何人做結果都必須一致；而工作上的決策分析，則無如此嚴格要求。有效數字設在個位數，已是綽綽有餘。

例如，針對專案計畫通過與否進行決策時，無論成功機率八三％也好，七九％也好，都不影響最後結論。兩者所估成功機率同為八成左右，都會獲得「通過」。再例如，假設成功機率有四三％或三九％兩種可能，那麼結論還是一樣，一樣「不通過」。只要能得知成功機率是落在八成還是四成就足以做成結論，詳細數字並沒有太大意義。

汲汲於精確數字有時也會導致誤判，而一旦分析則要求數字得精準到小數點後第一位的人也不在少數。舉例來說，常在問卷調查結果公佈時，看到「贊成比例六六．七％」之類的分析結果，讓人產生一千人當中有六百六十七人贊成，贊成人數相當多的感覺。然而，背後所代表的事實往往不過是三人當中，有兩人贊成罷了。以這個例子來說，只要再有一人反對，結果就翻盤了。如果像這樣，一味關注數字細節而忽略數字背後的本質，結果可能會造成誤判。

因此，我常說，經營所需的數字，只要有效數字在個位數就夠了。

分析目的有三個

透過分析來進行驗證之前，先談一談分析的目的。一般認為分析目的不外這三點：①發現問題，②說服對方，③說服自己。

①發現問題

當病患求助於精神科醫師或是心理治療師時，多半期待他們能看出病人本身並不知道、未曾發覺的事，或是真實情況。這和企業委請企管顧問提供諮詢服務，是同樣的道理。客戶期待企管顧問找出自己未查覺、忽略的問題。

此時，精神科醫師或是企管顧問會透過分析，以發現客戶所面臨的問題、課題，或者就現狀給予診斷。

②說服對方

發現問題、課題之後，基於讓對方了解也好，說服對方也好，都得藉助分析。

例如，某製造業的商品開發負責人員，對於自己開發出這麼棒的產品，卻得不到市場掌聲一事，歸咎於業務與行銷的失敗。然而，實地調查之後，卻發現業務、行銷與他牌相比毫不遜色，問題反而應該歸咎於產品力的不足。該負責人員對於這項結論，想必不會輕易認同。

於是，就必須針對產品比不上其他品牌的原因，或是消費者對於該產品的看法進行分析，以說服該負責人員。

③說服自己

我們對於問題的真正原因，通常自有看法；而此看法是否正確？有無其他答案？則需透過分析來讓自己信服。

先有假說再分析

如上所述，分析目的林林總總，而無論基於哪一個，重點在於分析是為了驗證假說而存在。不能漫無目的從事分析之後才來整理問題。首先，要根據問題意識建立假說，而後針對其正確性進行驗證，這才是從事分析的正確態度。

為什麼呢？當我們為驗證假說而進行分析時，所需分析自然而然範圍受限，作業量也能控制在最低限度。若不顧這一點，一味想從分析結果得到新發現，那麼會變得像無頭蒼蠅一般，這也分析、那也分析，最後落得在資訊洪流中慘遭滅頂的下場。

今日電腦如此普及，有了數據，什麼分析都能做。例如，只要試算表軟體在手，無論相關分析、多變量分析都能輕而易舉辦到。又如，假使想運用專門的分析軟體來進行分析，不要說連續分析一個星期，哪怕是連續一個月，甚至一年，都不是什麼難事。然而，像這樣空無問題意識的分析，做了也不具任何意義。

4 定量分析的四種基本方法

分析可分為以數據為分析主體的定量分析；以及不靠數據，而根據訪談紀錄、經營者理念，或消費者心聲來進行分析的定性分析。只靠定性分析即已足夠的情況，定量分析就不必進行。不過，驗證假說之際，多半採用定量分析。

以下介紹定量分析所需的四種基本方法。了解相關分析手法，對於驗證假說應有所幫助。

方法1：比較差異分析法

比較差異是最淺顯易懂的分析法，將兩、三項事物加以比較，而關注發生差異之處。例如經由比較市占率、營收、成本與價格等，來調查客戶滿意度，並將結果量化的情況。以下透過實例，說明如何運用比較差異分析，進行假說之驗證。

案例分析　清潔保養用品的通路別損益

【圖表4-2】是某家用品廠商主力商品的通路別損益比較分析。

當時，業界普遍把所謂綜合型量販店（GMS，General Merchandise Store），例如伊藤洋華堂（Ito-Yokado）、永旺（AEON）視為優良通路。因為，基本上綜合型量販店的最終市價（終端價格）相對較高，能以接近製造商理想售價進行銷售。而且，進貨時多能採納製造商的報價。基於以上理由，綜合型量販店成了製造商眼中的優良通路。

另一方面，低價折扣店（discounter）則是不斷壓低商品的市場價格。購入時也以大量採購的優勢，要求大宗折扣價。基於以上理由，低價折扣店被評為不受製造商控制的通路。

在這種情況下，有一位企管顧問提出他的觀點：其實，被製造商唾棄的低價折扣店，才是對製造商與消費者兩者最有貢獻的通路。試將各通路別的獲利情況實際比一

【圖表4-2　清潔用品的通路別損益】

	綜合型量販店	超市	低價折扣店
廠商售價	720	720	720
促銷費用	95	50	30
銷售回扣	70	20	15
銷售折扣※	30	30	30
銷售淨額	525	620	645
銷貨成本	540	540	540
營業費用	50	60	10
貢獻利益	－65	20	95

（日圓／個）

原以為最無利可圖的低價折扣店，竟然最有賺頭

※按照營業額高低而定
出處：BCG分析

比，看看結果會是如何。

【圖表4-2】當中，廠商售價是指，製造商針對個別通路所訂售價。促銷費用是指給予店面的活動贊助金，以及陳列商品所需的海報（POP）費用等。銷售回扣是指回饋的部分貨款，銷貨折扣是依營業額高低所給予的折扣，通常折扣項目種類繁多。

所有折扣項目加總的結果，向來被視為優良通路的綜合型量販店，總計得到將近兩百日圓的折扣，相對於售價的七百二十日圓來說，製造商的銷售淨額為五百二十五日圓。反觀低價折扣店部分，扣除所有折扣之後，

製造商仍可得到六百四十五日圓的銷售淨額，是三種通路當中銷貨淨額最高者。

再根據業務人員花費在各通路的時間多寡來比較營業費用。低價折扣店部分不需多花時間拜訪；綜合型量販店與超市（SM，supermarket）部分，則是一年當中不時得拜訪他們的採購人員，而耗費較多的營業費用。扣除營業費用之後，所得結果是，綜合型量販店部分每賣一個，就虧損六十五日圓；而低價折扣店每賣一個，就創造九十五日圓利潤。

當製造商認定綜合型量販店為最佳客戶時，對於綜合型量販店傾向大量鋪貨；而對價格破壞的始作俑者——低價折扣店則是出貨意願低。然而，經過通路別獲利情形的比較分析之後，發現今後提升獲利之道，在於多向低價折扣店鋪貨。

方法2：時間序列分析法

追蹤特定期間的變化趨勢時，運用時間序列分析法。

許多企業對於營收較上一年度成長多少，盈餘是否增加，或者市占率是否擴大等，都保持高度關注。然而，會持續追蹤過去五年、十年變化趨勢的企業，就非常罕見。經營企劃人員擬定中期計畫之際，通常會參考歷史數據，可是期間以十年、二十年為單位的，放眼業界幾乎不得見。

儘管如此，企業未能察覺的真實狀況往往隨著觀察期間的拉長，逐一浮上檯面。

案例分析　各汽車廠新車銷售量與銷售據點的歷年變化

日本各汽車廠在本國市場競爭激烈，過去為提高市占率，廣增銷售據點數。另方面，卻鮮少傳來汽車經銷商獲利的消息。於是，產生一個假說：經銷商家數與市占率具有正相關，不過是一廂情願的想法！實際分析的結果，如【圖表4-3】所示，為一九八五年至二○○一年的十六年期間，各汽車廠之新車銷售據點的家數與新車銷售台

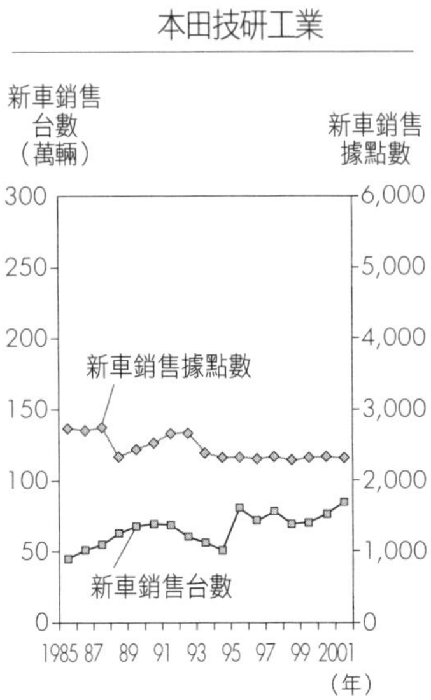

【圖表4-3 各汽車廠新車銷售量與經銷點的歷年變化】

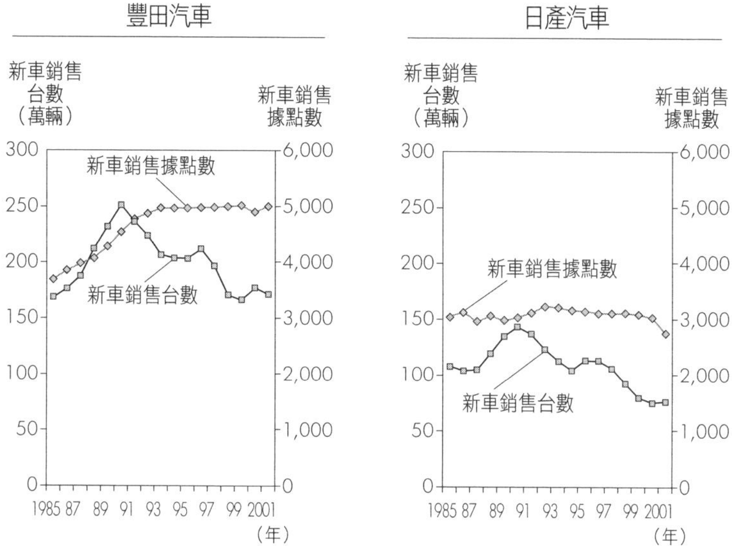

註：新車銷售台數包括轎車（含輕型汽車）、卡車、巴士在內。
出處：日刊自動車新聞社、日本自動車會議所編纂《自動車年鑑》、BCG分析

數的變化情形。

左圖的豐田汽車顯示，新車銷售據點數在期間中一度呈現停滯局面，不過整體而言，仍為上升趨勢。然而，在新車銷售台數方面，除了前幾年出現大幅成長以外，之後即轉為下降趨勢。由於這是統計總銷售量，而非單一據點的銷售台數，可見每一銷售據點的平均銷售台數下降幅度應該更大。也就是說，儘管豐田汽車市占率維持在四成，貴為市場的領先者，不過，起碼從銷售效率這一點來說，表現並不及格。

再看本田技研工業（以下簡稱本田）的銷售據點並未增加，長期來看反而稍呈減少趨勢，相形之下，銷售台數則有所增加，所以從銷售效率角度而言，本田才是高水準表現。一般人光從市占率看，只看到豐田市占率上升，而本田市占率下降，殊不知從銷售效率的角度來看，本田才稱得上資優生。

而日產汽車方面，銷售據點並未增加，不過由於銷售台數也同步減少的關係，銷售效率雖然比豐田好一些，還是比不上本田。

上述事實可從時間序列分析法清楚看出。長期來看，證明「增加銷售據點，則銷售台數亦會增加」這個汽車產業的常識是錯誤的。

方法3：散布分析法

要分析種種現象當中是否存在某種相關關係，或存在某種特點、異常之處時，可運用散布分析法。運用這種手法進行的分析，常採用散布圖。

案例分析 個別零售商的家電用品獲利分析

這是來自某家電業的諮詢案例。該廠商為提高某產品的獲利率，而醞釀調漲大型零售業者的進貨價。原因是，考量廠商與零售商的利害關係，中小零售商的進貨價相對受廠商所支配，因此廠商能以較好價格出售，使利潤得以確保。相較於此，以YAMADA電機、BICCAMERA為首的大型3C量販店業者，面對廠商則是頗為強勢，往往拼命壓低價格。除此以外，更動輒要求種種配合，例如派遣銷貨人員進駐、特製DM、甚至要求開發生產獨家商品等，往往導致廠商營業利益出現大幅虧損。根據這個邏輯，若以橫軸為營業規模，縱軸為獲利率，則圖形應該呈現出營業額愈高、獲利率愈低的向右下傾斜，亦即負相關性才是。

不過，我們提出的假說則是，與中小型零售商的交易往來反而更具改善空間。

為證明假說，我們將廠商的每個單一客戶所創造的獲利率實際算過。首先，算出對各零售商的售價。其次，將業務人員在各零售商所花費時間換算成金額，以各店營業額去除，即可具體得知營業費用占營業額的比例。再將促銷費用，例如陳列賣場所需的促銷用材料費、按營業額計算的買賣佣金、派遣店員的成本等換算成實際金額，累計在實

【圖表4-4　家電產品的個別零售商獲利性】

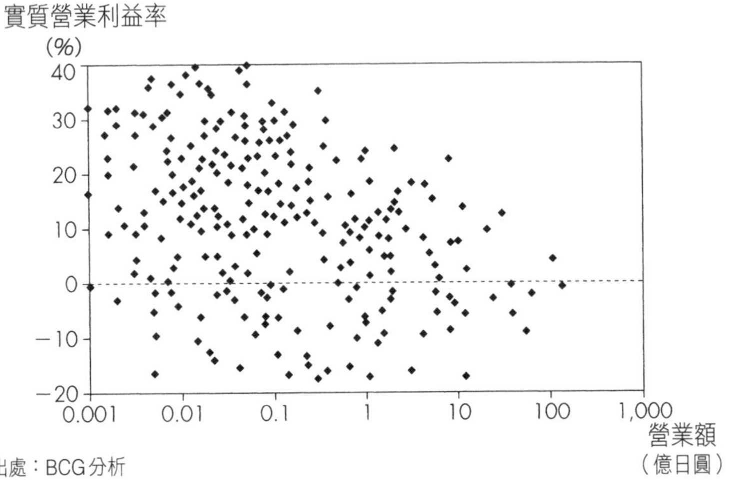

出處：BCG分析

質成本上。再將這些實質營業成本與生產成本、總公司的間接費用相加，而後從售價扣除，即得到實質營業利益。

這數字一一在圖中標出，就如【圖表4-4】所示。這就是所謂的散布圖。圖中每一點就代表一家零售商。

該圖顯示，其實營業額與獲利率之間幾乎完全不相關。其中最重要因素之一是，對中小零售商的銷貨價格通常由業務人員自主判斷，想衝業績時通常就會在價格上讓步。因而，零售商可分為折扣高與價格硬的兩種類型，而不論其規模大小。再者，業務人員對於方便走動的零售商愈是勤於拜訪，結果造成單位營收所占營業成本大增。反觀大型店，儘管大砍進貨價格，由於營業額夠大的關係，單位營收中，業務人員人事費用所占比例其實並不高。

根據以上分析，廠商決定對中型以下的零售商與大型店，分別採取不同措施。中型以下零售商方面，訂價政策改由企業統一制定，一舉淘汰實質虧損的店。而在大型店方面，以本公司獲利率取代營業額考量，對於利潤空間較高的零售商進一步強化業務關係，以期創造更高利潤。結果，該廠商的獲利率得到大幅改善。

方法4：因數分解法

分解問題成分以探索真正原因的分析手法，稱為因數分解法。是在問題的層層分解過程中，找出最終要點、根本原因之所在。

提供食品加工業者D公司的案例，說明該公司如何運用因數分解方式，釐清市場占有率偏低的理由。

案例分析　分析食品加工廠商市占率偏低的原因

首先，將決定各廠商營業額的重要因素如【圖表4-5】進行因數分解。將D公司與主要競爭對手E公司實地比較過後，發現以下事實：

首先，D公司營業額是由該公司產品經銷商家數，與平均單店的營業額相乘的結果。其次，將右側D公司產品經銷商家數，依據零售商規模區分為大型店、中型食品超市、街上的小零售商、以及便利超商所代表的小型店；同樣道理，亦可將北起北海道南至九州的經銷店依區域別加以細分。另方面，針對左側的單一店家營業額部分，可分解為D公司產品購買人數X平均購買金額。接著，可將D公司產品購買人數，再細分為回購客與首購客。而平均購買金額，則可分解為平均購買數量與價格。

同時，也將同一方式套用在競爭對手E公司上。

根據實際從事分析之前的假說，D公司產品無論品質、口味都不輸E公司，消費者只要買過一次，肯定會再次回購。則可推想D公司的問題若不是因為產品經銷商家數原本就比較少，就是實際出手的消費者中，首購者比較少的關係。

就因數分解後的數字仔細研究了一下，發現以經銷商家數來說，儘管確實比競爭對

【圖表4-5　D食品加工廠營業額之因數分解】

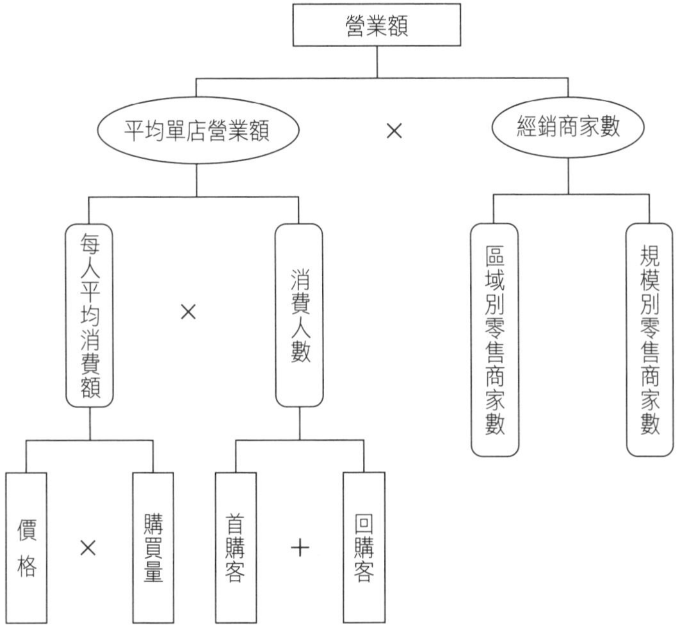

手少了一點，可是差距小到幾乎不相上下的地步。另方面，挑選部分零售商以實地調查消費者的購買行為，結果顯示無論哪一家經銷商，總購買人數都低於E公司；尤其回購客更是明顯比不上對方。看起來，這個調查結果似乎完全推翻了原先假說。可是，其實回購客的不足，是因為首購人數的絕對數字太小的關係，連帶使得回購客總數難以增加，這才是最重要的原因。換句話說，調查結果顯示消費者明明只要買過一次，就可能成為D公司的死

【圖表4-6　品牌別購買經驗率與回購率】

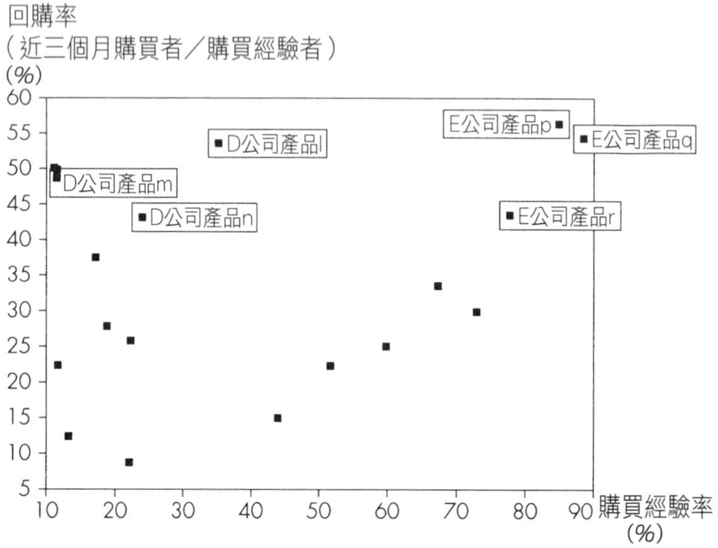

回購率相同，購買經驗率則是差距甚遠

忠顧客，偏偏許多人連一次也沒買過。從【圖表4-6】可以清楚看出，D公司的回購率與E公司不相上下，主要就是輸在購買經驗率（意指消費者曾經買過該商品的比例）上。

D公司為提高市占率，於是積極展開各項活動，例如在店面舉辦試吃活動，讓消費者有機會吃到D公司產品；並且，發送樣品讓消費者免費試吃。

了解這種分析型態，對於驗證假說將有極大幫助。

第五章

提升假說思考力

The BCG Way—The Art of Hypothesis-driven Management

1 好的假說源於經驗所衍生的敏銳直覺

培養直覺？第六感？

目前為止，針對如何為專案計畫建立假說，而後驗證並求進化，做了一番說明。本章則要從能力的角度，談談如何提高假說思考力。

假說思考能力一旦獲得提升，則從一開始就能提出高明的假說。幾乎可以完全避免經過驗證之後發現假說錯誤，而回到原點重新建立假說的情況。否則最起碼，也能確保提出好假說的機率。

換個說法，就是可以從一開始就提出進化後的假說。意思是說，潛意識當中，假說已經快速在腦中完成了驗證工作。當假說浮現腦海的同時，就開始：「不，不是這樣……，也不是那樣」，從各種不同角度展開驗證，才能在短短時間內使假說得以進化。同理，企管顧問的情況也是靠豐富的實戰經驗在無意識當中，腦子自動展開驗證假說的工作，使他們第一次提出假說就能提出進化版的假說。簡單來說，就是假說的建立、驗證與進化已經融為一體。頭腦在無意識當中展開驗證假說的工作，要達到這種程度，非得具備相當豐富的經驗不可。

那麼，怎樣才能成為這種具有假說思考能力的高人呢？

設想一個專家與門外漢挖掘石油的情況。人在地面上，誰也無法看穿地底下的油田。從這個角度來說，兩者的立足點是一樣的。然而，實際探勘的結果，專家找到油田的機率肯定較高。原因無他，就是經驗。身經數以百計、數以千計石油探勘工程的專家所下的判斷：「從這裏開挖」，門外漢聽來，或許心裏滿腹疑問：「為什麼是這裏？」可是，實際開挖起來，還真的就是油田！

這和神探可倫坡（Lieutenant Columbo）、紳士刑警古畑任三郎鎖定罪犯的方式有著異曲同工之妙。這兩者都是電視影集中虛構的主角，不過，神探可倫坡、刑警古畑任三郎都是運用假說思考的方式，自始就鎖定「疑似罪犯的人物」，而後展開嚴密的調查——這是一種假說導向的辦案方式。看在劇中其他相關人等的眼中，對於該名人物為何遭到鎖定一定感到百思不解。

一般人多以「直覺敏銳」、「第六感超強」之類字眼籠統解釋，其實，這麼說不夠完整，應該說是源於豐富經驗的直覺或第六感。

商業實務面對待解課題時，就如探勘石油的情況一樣。幾乎每個都是無法輕易看透答案的難題。因此，問題一出現就要立刻找到答案，除了先知，誰能辦到？也因為如此，假說才如此重要。

至於，為何能憑直覺找到答案？那要歸功於假說與驗證的經驗。好的假說源於經驗衍生的敏銳直覺。假說的形成有賴經驗的累積。要達到只憑少量資訊就能提出高明假說的地步，除了累積經驗別無他法。儘管大膽提出假說，萬一錯了那就再另起爐灶。假說出錯時，下次要試著加入新的要素，讓假說得以進化。只要還有可能，就讓假說再次進化。而培養假說思考力的訓練，就在於上述過程的反覆進行。

訓練1 不斷思考「所以呢？」（So what?）

事實上，假說思考是可以訓練的。方法之一，是平常就養成不斷思考「所以呢？」對於周遭所發生的現象，持續思考背後所代表的意義。

舉個具體實例，例如蘋果（Apple）的隨身音樂播放器 **iPod** 在市場上掀起熱潮，當你聽到這個消息時，要去聯想「所以呢？」「那會怎樣？」也就是說，想一想當 **iPod** 大行其道時，會產生什麼影響？

iPod 的流行應該會對許多領域產生影響。

舉例來說，**iPod** 一旦流行起來，過去在隨身音樂播放器市場最舉足輕重的隨身聽，恐怕面臨市場萎縮的情況，索尼的業績也將大受影響。連帶地，索尼的股東或許該考慮賣掉持股，而索尼的經營階層也或許該考慮改變策略。

而蘋果電腦的業績改善，可望帶動股價上漲，於是使得蘋果股票的買盤湧入。ＩＴ產業、電腦產業的版圖也將面臨重整。其實，索尼的股價下滑可能只是暫時性現象，長期間真正受到嚴重影響的恐怕是微軟的股價吧。既然如此，微軟極可能會祭出新的對策。

又例如，一旦情勢演變為音樂能下載並隨身攜帶的情況，則音樂產業、CD唱片業可能產生重大變革。說不定年輕人的主要花費將由手機、餐飲費轉回音樂方面。如此一來，恐怕會打擊到NTT docomo（日本的手機業者）的股價。假設NTT docomo能先發制人，朝手機結合iPod一體化的方向發展的話，或許將帶動NTT docomo的股價上揚。

如上，iPod造成風行，這個現象所能引發的「所以呢？」想法多得不勝枚舉。

如果能養成習慣，隨時關注周遭所發生的現象，「所以呢？」將伴你逐步養成假說思考力。

訓練2　反覆自問「為什麼？」（Why?）

方法之二，是反覆自問「為什麼？」BCG將此方法執行得非常徹底，反覆進行的次數至少五次。平常若能養成這種習慣，也能連帶培養出假說思考力。

舉例來說，針對問題：「職棒為什麼人氣不再？」會在反覆自問「為什麼」的過程中，一邊去思考原因與對策。例如，就如以下範例。

第一層「職棒為什麼人氣不再？」

→「職棒很無趣」

第二層「職棒為什麼很無趣？」

→「因為沒有職棒明星」（繼續深入探討）

→「因為球團沒有用心取悅球迷」

第三層「為什麼沒有職棒明星？」

→「因為職棒明星都出走到美國大聯盟了」

→「因為有潛力的年輕選手都不進入職棒」（繼續深入探討）

第四層「為什麼有潛力的年輕選手不進入職棒？」

→「因為職棒薪水少」（偏離事實，這點很容易確認＝可驗證）

→「足球之類運動項目對年輕人較具吸引力」（繼續深入探討）

第五層「為什麼足球吸引年輕人？」

↓「因為職業足球J聯盟很有魅力」
↓「因為中田英壽、中村俊輔等人在歐洲很活躍」
↓「因為有世界盃足球賽」
↓「因為轉移隊籍到其他國家的可能性高」
↓「因為地方上的俱樂部球隊從小就開始栽培選手」

如此連番自問五次「為什麼」之後，對策也愈來愈清楚了。其中，也有值得職棒仿效之處，例如第五層的假說，亦即足球運動藉由俱樂部球隊強化與地方互動的發展策略。許多足球選手自國、高中生階段起，即接受所屬俱樂部球隊培育，具有潛力的年輕選手也開始編織明星球員的夢想。欲重振職棒或許可以此為師，建立假說：「應轉型為和地方互動性更強的運動項目」。又如，日本足球在世界足壇表現相當活躍；而日本職棒或許也可以朝著和美國大聯盟結盟組成新聯盟，或比照中央、太平洋兩聯盟對戰的方式，在球季中舉辦美日職棒對抗賽等方向發展。重點是，日本職棒必須由封閉走向開放，轉變為和他國聯盟對戰的型態。

再看豐田汽車，也同樣將「重複問五次為什麼」奉為改善的基本原則。「重複問五次為什麼，這樣不只看到原因，你看到的會是真正的原因」，被尊為「豐田式生產之父」的大野耐一帶著這句話巡走於各工廠，也讓豐田式生產從此定型。

2 透過日常生活反覆訓練

從每天發生的事情預測未來

根據日常所發生的事情、所感受的事情，而假設對未來將產生何種影響，這種方法也是提高假說思考力的一種訓練。

例如，請想像「高齡化社會的到來，會帶動什麼商機？」日本正以全世界前所未有的速度邁向高齡化社會，預料二十一世紀中期過後，即將進入全體國民每三人即有一人年齡超過六十五歲的超高齡社會。屆時最大商機會是什麼？不妨試著建立你的假說。

「高齡化社會到來將會造成什麼影響？」針對這個問題，倘若我們建立這樣的假說：「空有財富卻不花錢的銀髮族愈來愈多」。那麼，接著可建立進一步的假說：「遺產管理的商機將會大爆發」。

又如，倘若你建立的假說是：「銀髮族會進行各種消費」。那麼，應該可以進一步建立假說：「銀髮族商店將大行其道」、「銀髮族與孫子女的成套商品、服務可能大發利市」。

再者，如果你的假說是：「活動力強的銀髮族會愈來愈多」，那麼就可進一步提出假說：「運動、旅遊、休閒活動的潛力無窮」。

以周遭發生事物為出發點，針對未來演變建立假說，會是很好的自我訓練。以下，介紹幾個有實際場景做搭配的訓練法。

由新聞報導引發思考

這是一種由報紙所刊載新聞事件，引發你對背景原因產生假說（亦即原因假說），然後加以驗證的訓練方式。

例如，報上刊登「某企業年度獲利改寫歷年新高」。於是，腦中開始形成以下假說：

假說1：該產業景氣大好

→其他企業獲利情形如何？

假說2：日本經濟全面復甦、景氣繁榮

→日本整體企業的經常利益表現如何？

假說3：營收成長→成長原因為何？

→新產品的成長？現有產品的成長？新事業部門的成長？

假說4：成本降低

→觀察成本率的變化→採購成本有效降低？產品項數減少？庫存降低？人事費用緊縮？

假說5：新產品熱賣

→實際檢視暢銷商品所創造的營收效應

→出乎意料地，效應往往偏小。新產品獲利率？

假說6：組織重整有成

↓詳細調查具體措施↓精簡人事？裁撤、出售事業部門？處分資產？

假說7：領導階層的變動

↓前後有何變化？對業績有何影響？

實際練習的時候，在建立原因假說的階段，對已見報的訊息就直接略過。首先建立假說，之後從《四季報》（日本分析上市櫃公司的專業財經雜誌）或透過網際網路蒐集資訊，以驗證假說。

由電視的熱門話題引發思考

邊看電視邊對引發自己關注的事件產生假說。就例如，可試著為韓劇在日本掀起熱潮的理由建立假說。

從韓國的角度思考原因

假說1：韓劇男演員抓住日本女性的心（流行）

假說2：純愛主題切合日本女性所需
假說3：韓國戲劇的製作方式有別於日本（節奏較緩慢，題材偏向家庭倫理者多等）
假說4：日本人開始發現韓國特有的魅力

從日本的角度思考原因
假說1：日本觀眾開始對本國電視劇感覺老套，失去新鮮感
假說2：日本較少為中高齡婦女量身打造的優質電視劇
假說3：對照日本的時代背景——國力漸走下坡，國力愈來愈強的中、韓等國的戲劇則受到青睞

想想看「所以呢？」
1. 收視率被韓劇搶走，日本的電視公司將面臨衰退？↓不太可能發生的情境。就算韓劇再怎麼掀起熱潮，畢竟播放時段只占一小部分。更何況還沒達到全日本所有階層都普遍接受的地步。

2.今後除了韓國以外，包括台灣、香港、中國、新加坡、泰國在內的亞洲各國的戲劇、明星也將在日本發光發熱？→本國商機何在？

3.日本的電視劇製作方式、當紅明星將產生大地震？→未來什麼劇種當道？哪個明星會竄紅？兩、三年後即可得到驗證。

由職場話題引發思考

運用職場上的話題來自我訓練。例如，遇到討人厭的頂頭上司時，該怎麼辦？要廣納各種不同意見，和同事從正反角度好好討論一番。假設，有一派意見認為「耐著性子小心伺候為上」，另一派意見則是「以不惜發生衝突的心理準備，捍衛自己的行事風格，這樣對確立個人職涯有正面助益」。

如果，你傾向於「耐著性子小心伺候為上」，則可繼續展開以下論述：

1.只要那位主管能力夠強，儘管討人厭，跟著他還是可以學到很多，對自己成長有益。

2.不是他、就是我——總有一天得面臨職務調動。所以，再忍個一、兩年，下個主管會更好。

反之，如果傾向「以不惜發生衝突的心理準備，捍衛自己的行事風格，這樣對確立個人職涯有正面助益」，那麼後續推演如下：

1. 忍耐也沒什麼好處，不如貫徹自己的想法，反而有助於心靈健康。更有甚者，說不定還獲得其他主管認同自己是有骨氣的人。
2. 就算主管調離現職，也不保證下任主管一定跟自己合得來。既然如此，與其把時間花在討好主管，不如全力建立自己的行事風格，這才是長久之計。萬一還是合不來，也沒什麼大不了，頂多就是自行申請調職。

不妨試著以這種方式進行探討。當然，跟討厭的主管頂嘴，不要說得冒著考績被評為劣等的風險，甚至被冷凍起來也不無可能。在這種情況下，不妨當成彼此之間有著交易（trade-ofof）關係，探討選擇其一將會獲得什麼、又失去什麼的時候，這種情況和企業欲改變現有策略所引發的討論，本質上是一樣的。

由家庭話題引發思考

例如，可以試著探討一下住家附近生意興隆的餐館跟乏人問津的餐館，到底有何差異。

首先該討論的應該是「口味」與「價格」。除此以外，地點、菜色、建築物、內部裝潢、服務等也都是重點。還有，附近是否有競爭對手也應一併列入考慮。以上各點充分探討之後，試著根據自己的看法建立假說。

當然，致勝關鍵可能出在種種個別因素當中的某項壓倒性優勢。然而，更常見的情況，關鍵其實不是出在個別因素的高低強弱，而在於目標區隔與所提供服務是否相符，甚至附近是否存在目標客層重疊的強大對手。

把自己的假說提出來和家人、鄰居談談，也是很好的訓練。討論結果產生之後，接下來可以假設自己是那位餐館老闆，針對該變與不該變的地方，去設想行動方案。

順帶一提個人的經驗談。我經常在出外購物時，對店家產生假說，於是便向店員詢問（驗證）。

例如，「最近附近有家購物中心新開張，是否造成客人流失的現象？」沒想到，店員的回答完全推翻我的假說：「多虧那家購物中心帶動了附近人潮，我們也連帶受惠呢！」這個例子讓我們學到，商圈內的競爭，會比單店之間的競爭更影響客流，就如澀谷與新宿兩個商圈之間的競爭一般。

由朋友間的閒談話題引發思考

可從彼此的共同嗜好找到訓練題材，例如高爾夫球。例如，一開始建立假說：「高爾夫球的功力高低與開球距離正相關」。那麼，就要思考如何驗證這一點。於是，想到將朋友的平均開球距離與平均杆數或差點畫成曲線，觀察兩者的相關性。假設兩者不具相關性，那麼就針對可能具有正相關的因素，重新建立假說。

進化後的假說，可將開球方向、切球、推杆等列入考慮因素。假設其中某一項為正確答案時，那麼你將從中導出什麼行動方案（對策）？如果你本身不打高爾夫球，那麼也可當做一般概論提出建議。

證明自己不相信的假說是對是錯

補強自己並不相信的假說，證明其正確性。

舉例來說，對於走到破產一途的大榮（Daiei）超市，你認為真正的原因不是出在經營者的身上，也不是因為營運手法拙劣，最主要是大型超市行業趨於沒落所致。其他同業如伊藤洋華堂、永旺的大型超市部門也處於營運欠佳，獲利能力不振情況，令你更堅信這就是真正原因。假設你對此看法深信不疑，卻故意針對大榮的破產建立以下假說：理由出在大型超市的營運不得法上面，並且加以證明。倘若你順此假說往下推展：

1. 店面改裝、賣場佈置的變動頻率似乎較其他同業為低。
2. 店員所受教育訓練不足，客人在店裏產生抱怨、不滿的情形似乎較多。
3. 似乎未能充分運用銷售時點情報（POS，point of sale）系統，做好「暢銷商品」與「滯銷商品」管理，導致營業額的機會損失、滯銷品的庫存損失等情況頻頻發生。

4. 是否因為店面分散於全國，導致商品配送成本居高不下，廣告也未能集中火力發揮規模效益，而造成巨額損失。

將隨意聯想到的點一一列出之後，回過頭來想一想，若依照自己原先想法的話，該怎樣進行反駁？

無論哪一種訓練法，訓練的基本不外乎擴張假說的廣度，驗證假說，以「所以呢？」求取深度。希望大家勇於嘗試去建立有助於擬定行動方案的假說。

如果主題與自己工作沒有直接關係，那麼就算你建立各式各樣假說，也無法在實際業務派上用場。既然沒有實際派上用場，那麼即使出錯也不會造成任何損失。這是最大的優點。不花半毛錢就可以從事訓練，要說多便宜就有多便宜。

3 在實際工作過程中進行訓練

戴上對方的眼鏡看事情

戴對方的眼鏡去看事情，換言之，就是站在對方立場思考。這有助於形成假說，以激發有別以往的想法或是更具建設性的提案。

舉例來說，身在生產部門的員工，總是不自覺地批評起業務部門。例如營業額的預估太過草率，對生產計畫造成不便；任意退回貨品；對庫存多寡毫不在意……等，抱怨多多。而最後結論往往是，只要業務部不去了解生產部門的辛苦也不願改變，那麼永遠無法達成效率化生產。

這種想法不能說錯，但是不會帶來進步。不如試著站在對方立場建立假說。這是一種擴張假說廣度的練習。

此時，應該假設自己是業務部門的一份子。業務部之所以超額下單，是擔心生產部門無法彈性因應客戶突如其來的急單，並不是對庫存增加毫不在意。既然如此，倘若生產計畫能更有彈性，足以應付緊急訂單的話，那麼超額下單的情況應該就能免除。

其次，是否因為依照過去的生產方式，暢銷商品往往出現缺貨情況，導致業務部門常態性的超額下單。避免之道或許可改採只針對已確定訂單進行生產的方式，或是對暢銷商品採取分配方式以為因應。

另外，目前生產計畫皆在一個多月前排定，使得訂貨至交貨的生產準備期（lead time）約需兩個月。而或許是因為業務部門預估銷售數字的時點通常提前許多的關係，導致預估始終難以精準。既然如此，倘若生產計畫的大綱比照現狀，在一個月前決定，而把生產計畫的細節留待實際生產的前夕再做確定，那麼業務部所提出的預估銷售數字，精準度可望大幅提升，而最終的滯銷、庫存問題也或許就迎刃而解。

站在對方立場思考，能讓過去所無法想像到的假說得以生成。

假設自己是主管

假設你是主管，碰到問題時，會怎麼做決策？要把這個想法，放在腦中隨時模擬。這種方法是學著思考「如果換做是我」的情況下，會建立什麼假說，做出什麼判斷。

假設，競爭對手的新產品大賣，而自家產品業績下滑時，主管採用了調降價格以刺激銷售的決策。此時，應該試著想想「如果是我的話，會怎麼辦？」是增加負責該產品的業務人員；增加拜訪客戶的次數；增列促銷費用；提高廣告刊登量；放棄該產品，把希望寄託於未來，而將資源投注於新產品的開發；或者什麼都不做？選項這麼多的情況下，如何從中進行選擇，要不斷去思考。運用這種方法，主管真正採行的選擇是對是錯，實務成果會告訴我們答案。也就是說，起碼能為主管的決策做到驗證工作。換言之，就像為假說進行了一場實驗。如果再發揮一點想像力的話，那麼當初若按照自己的假說去進行決策，其結果為何也能相當程度得到驗證。因而，這不僅是假說思考的訓練，也可視為將來晉身主管的一種訓練。

4 不要怕失敗——提升知的韌性

創造性愈高，失敗率愈高

建立假說絕非單純之事，豐富而多樣的經驗缺之不可。商業實務經驗尚淺的階段，要大膽建立假說，萬一錯了則重新建立假說；如果看來不錯，則要讓假說再進化，如此周而復始反覆練習。若說資深企管顧問為何總能提出好的假說，那是因為他們比菜鳥顧問多思考了幾百回合的關係吧。話說回來，只要累積足夠經驗，就能做到嗎？並不盡然。你得歷經自己建立假說，結果時而成功、時而失敗的過程。尤其，失敗更具有重大意義。人應該趁年輕多體會失敗的滋味。

二〇〇五年日本職棒總冠軍千葉羅德隊的總教練鮑比・瓦倫泰（Bobby Valentine）在他的著作《瓦倫泰的求勝語錄》中，有一句話：「要超越平凡，唯有歷經失敗」。意思是說「人想要在某個領域成長茁壯，那麼挑戰過去未曾歷經之事，甚至在力爭上游的階段遭遇失敗乃是兵家常事。」

剛開始建立假說的時候，提出錯誤的假說也是家常便飯。話說回來，如果因此就放棄建立假說，那麼假說思考力將無法獲得提升。歷經失敗、屢敗屢戰，下一次提出的將是更棒的假說。

瓦倫泰總教練也說過：「即使勝利擦身而過，務必牢牢緊握教訓」。這句話告訴我們，失敗是最好的學習機會，千萬不能輕易放過。

建立假說也是同樣的道理。當你苦於無法建立好的假說時，那正是探討失敗原因的好機會。因為，失敗乃是成功之母，當你所提假說愈是別具創見，則愈難以擺脫失敗的可能性。

在知的層面不屈不撓、愈挫愈勇

從少量資訊看出答案，這種假說的建立技術不可能從一開始就能運用自如。人往往受到失敗的負面印象所影響，而傾向於「逃避」。其實，仔細想想，從失敗中通常讓人學到更多。老是打安全牌的情況下，沿用現有手法、複製過去經驗的方式或許足夠因應，然而，一旦企業的經營碰上全新課題，到時候恐怕只能豎起白旗。

所以，應該多體會失敗的滋味。別害怕失敗，要勇於建立假說，而後驗證，求其進化。然後不斷反覆進行。

一旦假說的精確度獲得提升，解決問題的速度也會隨之加快。當企業經營出現難題的那一瞬間，答案會不經意從腦海中閃過。那就和羽生善治在八十種棋步當中，靈光一閃隨即鎖定其中兩、三種，有著異曲同工之妙。不過，別忘了**靈感是以無數經驗堆積出來的**。羽生善治第一次接觸將棋是在小學一年級的時候。從此之後，他就像著了魔般地一頭鑽進將棋的世界。小學六年級時，他考進日本將棋聯盟的職業棋士養成機構——獎勵會，那時候的他連走路的時間，腦中都會浮現棋盤，不停想著下棋的事。不出三年，他就晉升到四段（職業棋士）。之後的二十多年，他每天面對著棋盤不曾間斷過。唯有歷經無數次的假說驗證過程，才足以激發電光石火的靈感湧現。

一切全都來自經驗。累積第一線的工作經驗，以造就事半功倍的高工作品質，要達到如此境界，務必好好鍛鍊假說思考力。

不要因為自己直覺不敏銳就輕易放棄。就算機會不大，只要你有足夠的耐力與學習能力，經得起一次又一次的建立假說、驗證假說，假說思考力一定會進步。BCG有所謂「知的韌性」的說法，意指在知的層面不屈不撓、堅持到底。有些人IQ（智商指數）非常高，可是一旦別人多說幾句，就耐不住性子，脾氣爆發造成不可收拾的後果。相較之下，IQ**沒那麼高，可是願意一次又一次挑戰困難、從中學習的人，才是最後獲得成功的人**。憑過去接觸過數百位企管顧問的經驗，我敢打包票絕對錯不了。

末章

總結本書

The BCG Way——The Art of Hypothesis-driven Management

本章總結書中有關假說思考的重點。

1 假說的功效——加快工作速度、提高品質

首先談談第一個要點，假說的功效。

若從個人層面說起，無疑地，假說能加快工作上手的速度。這與動作變快完全是兩碼子事。是指對於企業經營所碰到的難題，能迅速看出問題本質，迅速理出頭緒。就如前文所述，基於先鎖定答案而著手驗證的關係，在答案沒有過度偏離的前提下，與沒頭沒腦的調查、證明相較，當然要快上一大截。反之，凡工作多半都有明確的目標期限。從截止日反推回來，不難了解必須在哪一天之前發現問題，何時得完成證明，而研擬解決方案的天數又有多少。若要依據排定日程進行工作，那麼效率最高者肯定是假說思考，相信這一點各位已能了解。

假說思考的功效之二，在於提升工作品質。如果說工作等同於動作，那麼所謂的速度加快往往形同做事馬馬虎虎，因此未必與改善工作品質有關聯。然而，工作除了動作

以外，還包括決策這項重要因素在內。從提高決策品質的角度來說，假說思考具有舉足輕重的地位。好處之一是，藉由及早建立假說，而後加以驗證的反覆過程，假說的精確度隨之上揚，錯誤機率跟著降低。也就是說，決策品質將獲得提升。另一好處，是經常被迫在時間有限的情況下提出答案，久而久之訓練出在資訊不足的階段探討問題真正原因，並摸索解決對策的能力。這應該就是將棋所說的「一眼看穿」吧？也就是面臨同樣現象、難題之際，能夠比別人早一步提出正確解答。

再說到假說思考的特點，在做法上並不是用拼湊片段的方式去證明事物，而是一開始就從事物全貌切入，再視情況需要鑽研細節或是進行證明。若能長期持續這種做法，必定能夠大為增進全盤掌握事物的功力。

上述各點若能兼而有之，將可培養出領導人所不可或缺的預測未來的能力，亦即前瞻力；以及憑藉少量訊息進行決策的判斷力，亦即決斷力。

另一方面，假說思考對組織而言，也具有重要意義。

假說與驗證若能為整體組織所共有，其效果將遠遠超過個人的學習。也就是說，企業組織的整體能力將有大幅成長。能否成為具有學習力，也就是成長型組織，端視假說與驗證的反覆進行，亦即假說與驗證所帶來的學習成果能否為整體組織所共有而定。

而其重點，莫過於讓整體組織都能了解假說思考的重要性。這樣能讓企業內部發展出一種透過假說進行討論的企業文化，進而根深柢固。從面臨問題之際，由蒐集資訊而分析、進行決策的組織，蛻變為先建立假說，一邊實行一邊進行驗證，並摸索解決方案的組織。

過去通常在研擬策略方面，就整整耗掉六個月時間，然後開始驗證，而在隔年四月起正式推動，這種慢條斯理的做法已不符合時代要求。既然企業決策如此講求速度，那麼，假說思考的型態也可說是因應時代所需的產物。唯有成功轉型的企業組織，才能在瞬息萬變的經營環境中靈活因應，並維持領先地位。

2 再怎麼感到奇怪，也要以結論為起點進行思考

第二個要點是，儘管在養成習慣之前，多半會對假說思考感到奇怪，可是那種奇怪的感覺一天無法克服，就永遠無法真正學會假說思考。這就好比牡蠣、納豆之類外表不

討喜的食物。入口之前，讓人不禁懷疑「這玩意兒能吃嗎？」一旦入口，才發現真是人間美味。就是這種感覺。

總而言之，在資訊明明還很有限的情況下，硬是要做出結論，你若感到奇怪，也是理所當然。反倒是不感到奇怪的人，恐怕不是天才就是天生蠢材。

如果，無論如何也沒辦法接受我的說法，那麼就沿用過去的方式也無妨，只要試著小範圍採用假說思考就好。例如，按照過去做法大量蒐集資訊，分析完畢之後提出結論。只是，請你在著手工作之初，也就是開始蒐集資訊之前，先將當下所想到的最佳答案寫在便條紙上，然後等蒐集到少量資料時，再把這個動作重複一次。光做到這樣就好。當然，在資訊那麼少的情況下要提出解答，也不是件容易的事。你得靠頭腦彌補殘缺不全的資訊片斷，甚至有時也只能憑直覺判斷。然後，在工作結束之後，請把你根據大量資訊所做出的結論與決策，和自己之前所提出的結論對比一下。結果，兩者相去不遠的事實肯定讓你大吃一驚。當然，發生錯誤的可能性也是不小。多練習幾次就會漸入佳境。

假說思考的好處還包括激發他人的想法。由於提出討論時，資訊尚未蒐集完全，即便同在一個工作環境的同事，也可能感到訝異，甚至不以為然的反駁：「這麼說，有何根據？」當然，說不定也有人佩服得直說：「原來如此」。反駁、共鳴、贊成、驚訝等種種反應成了想法創新的原動力。

由結論開始思考的做法，不僅要克服自己內心的不習慣，更要克服別人反駁、批評所帶來的不舒服感覺。因此，人往往傾向於分析或調查完所有的情形之後再提出結論的窮盡思考法。然而，窮盡思考正如我所強調的，就像在走死胡同。反正都得遭受批評，不如早點批評還能及早修正。萬一等到工作都結束了，才接到從頭來過的命令，那豈不是更要命？既然如此，何不採用假說思考的方式，直接提出答案，然後做好接受批評的決心，甚至期待建設性的意見出現。就把分析當做用來證明假說的存在吧。

3 從失敗中學習——萬一錯了，就從頭來過

沒有人從一開始就能將假說思考運用自如。即使將棋棋王羽生善治也不例外。說得誇張一點，就算「亂槍打鳥也罷，多試個幾次總會打中」。運用初期，每十次當中若能

對個一次已屬難能可貴。當然，如果連一次都沒有，那也是沒辦法，畢竟凡事起頭難。

說到訣竅，總而言之就是立足於少量資訊的思考。各位可能都聽膩了，不過我還是要強調，在我們認定資訊愈多、愈能做出好決策的前提下，不可能學會假說思考。憑藉少量資訊就能和大量蒐集資訊者，做出同等級的推論或者發現問題點，這樣的人會是最後的贏家。因為，當別人還在忙於蒐集資訊的當頭，他們不是已經開始深入鑽研問題，就是要著手研擬問題的解決方案了。

可想而知，剛起步時總難免會錯誤百出。那也無妨，反正萬一錯了，就從頭來過。說不定，你覺得窮盡思考後再行動的做法反而更快。那也沒關係，因為反覆進行窮盡思考，只能讓動作的速度加快，但是，找尋答案的速度並未同等提升。可是，反覆進行假說思考，不僅能加速找尋答案的速度，答案的品質也連帶大幅躍進。

再者，或許你會擔心假說思考套用在重要的公事上，萬一出錯，那還得了？如果有此顧慮，那麼剛開始時，運用公事以外的事件來訓練即可。就如前文所提到的情境式訓練法。這樣一來，就算失敗再多次也不怕。

前面章節出現過的日本足球代表隊前總教練歐夫特，著作當中也對所謂前瞻力有所著墨，例如在路上看到牛群時，「一看到牛的臉，就要聯想到牛尾巴的模樣」。通常我們看到牛的臉，也不會知道牛尾巴的形狀。當然，當牛隻走過去，誰都能看出尾巴的樣子，可是，當一個領導人，就非得具備觀其臉而知其尾的判斷力不可。因此，必須仔細觀察牛的長相，預測尾巴的樣子。剛開始時，多半都是猜錯，可是，隨著看過的牛隻愈來愈多，歸納臉和尾巴的相關性，最後達到「觀其臉而知其尾」的境界。這不正是假說與驗證嗎？

當然，重點不在能否精準預測牛尾巴的樣子，我所要強調的是，即便像這種大家以為不可能的事情，也能透過訓練和努力而辦到。又或者也可以解釋為，這個例子在告訴我們，磨練前瞻力就是得像這樣。

對於前瞻力，大家普遍認為是少數特定人士與生俱來的能力。事實上，只要透過假說與驗證的反覆進行，你我都能擁有。

4 把身邊同事、主管、家人、朋友當做練習對象

儘管假說思考非常好用，貿然試用在客戶身上著實需要勇氣，更何況，一個不小心，恐怕就此打壞彼此的信賴關係。因此，我要奉勸各位，先從身旁的人練習。就像拳擊，也不會一下子就從參加比賽開始，總要找到適合的練習對象，從對打練習開始一步一步來。

所謂身旁的人，具體來說包括同事、主管，工作以外的朋友，或者是家人。以同事、家人為對象的情況，除了能讓假說易於產生進化，更重要的是，就算失敗也不至於造成太大傷害。簡單來說，就是把身旁的人當做建立假說、驗證假說、發展假說之際的討論對象。

例如，對於自己所負責的某項工作，你可能對其問題本質有所想法。這時候，憑一己之力蒐集資料並加以證明當然是必要的，可是，在那之前先聽聽同事的意見，才是最簡單的做法。或許，你得到的答案是：「聽起來還滿有趣的」，又或者同事已經做過同

一件事，而答案跟自己有出入。當然，不能因為這樣就輕易放手，不過還是應該納入參考。「這個想法還滿有趣的，或許你還可以進一步這樣推論！」如果，你得到這樣的回應，那就算你賺到了。跟自己同在一個職場的人，應該了解自己所探討的問題，否則起碼也是一路看在眼裏，因此，他們的反應通常很有幫助。

我還是個菜鳥顧問時代，受到前輩非常多的關照，尤其要特別感謝當時擔任經理的島田隆，他向我力薦假說思考的好處。不管我的想法再怎麼愚蠢，他都給我許多寶貴意見，例如為何有此想法、反過來想是否應該是如何如何、又或者要以什麼分析來證明等等。還有，經過許多分析之後，當我覺得自己已得到某些證明而求教於他的時候，他也常常提醒我，著手分析之前務必先弄清楚自己要證明什麼。

有些人會覺得提出自己還不成熟的想法造成浪費對方時間，心裏很過意不去。這也是錯誤的想法。與其你花了許多時間之後才讓組織發現錯誤，不如及早在眾人的幫忙之下修正錯誤，這樣對組織而言也比較有效率。而且，既然彼此隸屬同一組織，理當也有機會協助對方驗證假說，或在討論時給予意見，互通有無。

再說到朋友、家人。由於和他們完全沒有業務上的利害關係，討論起來最沒有壓力。當然，萬一太過煩人可能會引起反感，不過還是應該善加運用。

5 避免見樹不見林

就如前文所述，假說思考不只在解決個別問題，更有助於勾勒問題全貌、整體架構（骨幹）。BCG內部對「故事情節」（storyline）一詞的使用頻率幾乎和「你的假說是什麼？」不相上下。

企業想要解決問題，不用說當然得充分掌握事情全貌。不過，除此以外，對個別問題有正確認知、思考有效的解決方案，也是同等重要。就算整體的大方向已完全掌握，如果缺乏具體解決方案，那麼問題仍然無解。那麼，兩者的先後順序應該怎麼安排？可想而知，對於一路閱讀本書的讀者來說，這應該不是什麼問題。應該從事情全貌開始著手。

前文提到重新檢討工作整體架構的時候，我已強調過，如果只憑少量資訊就能掌握整體情況，那麼工作效率將大為精進。首先，你會很清楚該做什麼，該證明什麼、分析什麼一切都會很明確。而且，當工作由多人共同分擔時，只要整體情況在握，對於自己所擔任工作屬於哪個部分、目標為何都會一清二楚。

一般而言，人總是傾向把疑問逐一解決，然後拼湊出完整的答案，然而，真實企業裏，這種做法不是永遠找不到答案，要不就是找到答案之前，經營環境已經發生變化。因此，**務必把事情全貌放在最前面，再來思考如何解決個別問題**。話說回來，要一個小職員成天想著全公司的經營課題，這也確實不太合理。因此，建議先從高於自己一個層級的職位開始，徹底了解相關問題。如果，你負責庫存管理工作，那麼就應該一併考量生產、供應、業務等相關業務以勾勒事情全貌，再回歸到庫存問題。

習慣於一接到工作就馬上動手的人，起碼三十分鐘也好，給自己一點時間想想整件事情。這樣可以讓人了解自己所負責業務屬於哪一個環節，你會發現有時可以把先後順序調動，甚至某些動作根本不需要做。舉例來說，當你被分派某項商品的促銷工作——促銷方案時，用不著一開始就大談廣告構想或是促銷手法之類問題。在那之前不妨先就本公司產品的主要客層在哪裏，該藉由什麼物流管道把商品送到他們手中。又如，哪一種促銷方式最能切中目標客層的訴求等問題，建立你的假說。結果，關於如何吸引目標客層，說不定你發展出來的假說會是以口碑行銷取代大眾媒體行銷，同時將銷售通路限定於少數特定對象，如此才能創造最大成效。這麼一來，電視廣告、報紙廣告都不用刊登了，構思廣告創意的時間也可以省下來了。相形之下，也突顯了選擇銷售通路的重要性，而在構思促銷策略之前，或許得針對拓展通路建立假說。

當然，在資訊量少得可憐的情況下勾勒整體架構，多少讓人感到痛苦，同時也在考驗人的膽識。儘管如此，若想成為人上人，無論如何一定得學會。我很喜歡領導大師華倫．班尼斯（Warren Bennis）的一句話：「經理人緊盯底線，領導人則凝視地平線」（The manager has his eye always on the bottom line; the leader has his eye on the horizon.）身為領導者，不該受眼前業績牽絆而心思起伏不定，必須負起責任把所有成員送往到河流對岸。為達成使命，領導者必須具備洞燭機先、察知未來的能力，以及滿懷信心向前邁進的勇氣。而其訓練方式，就在於建立整體架構。

最後，期許各位也一起加入這個行列，當個能夠敏捷快速解決問題的職場工作者。

商業實務所關注的，並不是你做了多少工作，也不是你的調查分析有多麼精確。重點是你能否在短時間內端出「好答案」，並且立即付諸實行。經常處於必須限時提出答案的狀況下，無疑地，能讓人培養僅憑少量資訊就能做出正確解答的過人膽識。因此，期待假說思考能對各位讀者有所幫助。

後記

我能否從任職企管顧問的經驗，以一句話總結職場工作者的成功關鍵？長期以來，針對這個問題，我給的答案都是「學習能力」。至於，哪一種學習能力？近來，我已經可以非常確定地告訴你，是「**建立好的假說，並加以驗證的能力**」。

日本人很善於解決事前已明確界定的問題，相形之下，自發性生成問題的能力，或是發現問題的能力就非常薄弱。這也成了日本職場工作者的一大弱點。為此現狀提供對策，是本書的執筆動機之一。

目標達成率有多少不得而知，至少我很驕傲能達到拋磚引玉的效果。

本書承蒙許多人士大力協助才得以完成。東洋經濟新報社的黑坂浩一先生與知名的水資源專家橋本淳司先生，兩位從企劃之始而至文章的推敲琢磨階段，皆不吝給予指教。我所任教的青山學院大學國際企業管理研究所（MBA課程）研究生，以及早稻田大學商學研究所研究生協助閱讀初稿，並且給了相當多建設性意見。再次表達我的謝意。如果沒有BCG的編輯滿喜Tomoko小姐與祕書阿部亞衣小姐的協助，本書將無法完成。在此深表感謝。另外，雖然我無法一一列出他們的大名，我要感謝BCG的各位合夥人以及顧問群，對於我不時突發奇想所產生的假說給予諸多包容。本書得以出版，也多虧這一路以來的經驗累積。

我能持續擔任企管顧問長達二十年以上，也正因為有一群時時相互腦力激盪的夥伴、嚴格要求的客戶，以及高挑戰性的任務。我也不禁感嘆，在一路披荊斬棘，排除接踵而來的種種難題之中，寶貴光陰竟然就這麼悄悄地流逝。

如果我說，希望各位和我秉持同樣心情，帶著有如解答謎題的快感去面對企業經營的種種課題，恐怕有失莊重，可是，這樣不僅能有效提升工作品質，還能提高工作效率，堪稱一舉兩得。

希望本書對於各位讀者發現問題與解決問題能力有所助益，本書也在此告一段落。

參考文獻

內田和成《デコンストラクション経営革命》日本能率協會管理中心，一九九八年

內田和成《eエコノミーの企業戦略》PHP研究所，二〇〇〇年

韓斯・歐夫特《日本サッカーの挑戦》（德增浩司譯）講談社，一九九三年

Tiha Von Ghyczy、Bolko von Oetinger、Christopher Bassford共同編著《クラウゼヴィッツの戦略思考——『戦争論』に学ぶリーダーシップと決断の本質》（*Clausewitz on Strategy: Inspiration and Insight from a Master Strategist*）（波士頓顧問公司譯）DIAMOND出版社，二〇〇二年

鈴木敏文《商売の原点》（緒方知行編）講談社，二〇〇三年（中譯本《7-ELEVEn零售聖經》商周出版）

羽生善治《決断力》角川書店，二〇〇五年

鮑比・瓦倫泰《バレンタインの勝ち語録　自分の殻を破るメッセージ80》主婦與生活社，二〇〇五年

波士頓顧問公司著《ケイパビリティ・マネジメント》（堀紘一監修）PRESIDENT社，一九九四年

United Technology Corporation《アメリカの心——全米を動かした75のメッセージ》（*Gray Matters*）（岡田芳郎、楓 Sebiru、田中洋譯）學生社，一九八七年

經濟新潮社　〈經營管理系列〉

書號	書名	作者	定價
QB1008	**殺手級品牌戰略：**高科技公司如何克敵致勝	保羅．泰伯勒等	280
QB1010	**高科技就業聖經：** 不是理工科的你，也可以做到！	威廉．夏佛	300
QB1011	**為什麼我討厭搭飛機：**管理大師笑談管理	亨利．明茲柏格	240
QB1015	**六標準差設計：**打造完美的產品與流程	舒伯．喬賀瑞	280
QB1016	**我懂了！六標準差2：**產品和流程設計一次OK！	舒伯．喬賀瑞	200
QB1017X	**企業文化獲利報告：** 什麼樣的企業文化最有競爭力	大衛．麥斯特	320
QB1018	**創造客戶價值的10堂課**	彼得．杜雀西	280
QB1021	**最後期限：**專案管理101個成功法則	Tom DeMarco	350
QB1022	**困難的事，我來做！：** 以小搏大的技術力、成功學	岡野雅行	260
QB1023	**人月神話：**軟體專案管理之道（20週年紀念版）	Frederick P. Brooks, Jr.	480
QB1024	**精實革命：**消除浪費、創造獲利的有效方法	詹姆斯．沃馬克、丹尼爾．瓊斯	480
QB1026	**與熊共舞：**軟體專案的風險管理	Tom DeMarco & Timothy Lister	380
QB1027	**顧問成功的祕密：** 有效建議、促成改變的工作智慧	Gerald M. Weinberg	380
QB1028	**豐田智慧：**充分發揮人的力量	若松義人、近藤哲夫	280
QB1031	**我要唸MBA！：**MBA學位完全攻略指南	羅伯．米勒、凱瑟琳．柯格勒	320
QB1032	**品牌，原來如此！**	黃文博	280
QB1033	**別為數字抓狂：**會計，一學就上手	傑佛瑞．哈柏	260
QB1034	**人本教練模式：**激發你的潛能與領導力	黃榮華、梁立邦	280
QB1035	**專案管理，現在就做：**4大步驟， 7大成功要素，要你成為專案管理高手！	寶拉．馬丁、凱倫．泰特	350
QB1036	**A級人生：**打破成規、發揮潛能的12堂課	羅莎姆．史東．山德爾、班傑明．山德爾	280
QB1037	**公關行銷聖經**	Rich Jernstedt等十一位執行長	299
QB1039	**委外革命：**全世界都是你的生產力！	麥可．考貝特	350

經濟新潮社 〈經營管理系列〉

書 號	書 名	作 者	定價
QB1041	**要理財，先理債：** 快速擺脫財務困境、重建信用紀錄最佳指南	霍華德·德佛金	280
QB1042	**溫伯格的軟體管理學：**系統化思考（第1卷）	傑拉爾德·溫伯格	650
QB1044	**邏輯思考的技術：** 寫作、簡報、解決問題的有效方法	照屋華子、岡田惠子	300
QB1045	**豐田成功學：**從工作中培育一流人才！	若松義人	300
QB1046	**你想要什麼？**（教練的智慧系列1）	黃俊華著、 曹國軒繪圖	220
QB1047X	**精實服務：**生產、服務、消費端全面消除浪費，創造獲利	詹姆斯·沃馬克、 丹尼爾·瓊斯	380
QB1049	**改變才有救！**（教練的智慧系列2）	黃俊華著、 曹國軒繪圖	220
QB1050	**教練，幫助你成功！**（教練的智慧系列3）	黃俊華著、 曹國軒繪圖	220
QB1051	**從需求到設計：**如何設計出客戶想要的產品	唐納·高斯、 傑拉爾德·溫伯格	550
QB1052C	**金字塔原理：** 思考、寫作、解決問題的邏輯方法	芭芭拉·明托	480
QB1053X	**圖解豐田生產方式**	豐田生產方式研究會	300
QB1054	**Peopleware：**腦力密集產業的人才管理之道	Tom DeMarco、 Timothy Lister	380
QB1055X	**感動力**	平野秀典	250
QB1056	**寫出銷售力：**業務、行銷、廣告文案撰寫人之必備銷售寫作指南	安迪·麥斯蘭	280
QB1057	**領導的藝術：**人人都受用的領導經營學	麥克斯·帝普雷	260
QB1058	**溫伯格的軟體管理學：**第一級評量（第2卷）	傑拉爾德·溫伯格	800
QB1059C	**金字塔原理Ⅱ：** 培養思考、寫作能力之自主訓練寶典	芭芭拉·明托	450
QB1060X	**豐田創意學：** 看豐田如何年化百萬創意為千萬獲利	馬修·梅	360
QB1061	**定價思考術**	拉斐·穆罕默德	320
QB1062C	**發現問題的思考術**	齋藤嘉則	450

經濟新潮社 〈經營管理系列〉

書號	書名	作者	定價
QB1063	**溫伯格的軟體管理學：** 關照全局的管理作為（第3卷）	傑拉爾德．溫伯格	650
QB1065C	**創意的生成**	楊傑美	240
QB1066	**履歷王：**教你立刻找到好工作	史考特．班寧	240
QB1067	**從資料中挖金礦：**找到你的獲利處方籤	岡嶋裕史	280
QB1068	**高績效教練：** 有效帶人、激發潛能的教練原理與實務	約翰．惠特默爵士	380
QB1069	**領導者，該想什麼？：** 成為一個真正解決問題的領導者	傑拉爾德．溫伯格	380
QB1070	**真正的問題是什麼？你想通了嗎？：** 解決問題之前，你該思考的6件事	唐納德．高斯、 傑拉爾德．溫伯格	260
QB1071X	**假說思考：**培養邊做邊學的能力，讓你迅速解決問題	內田和成	360
QB1072	**業務員，你就是自己的老闆！：** 16個業務升級祕訣大公開	克里斯．萊托	300
QB1073C	**策略思考的技術**	齋藤嘉則	450
QB1074	**敢說又能說：**產生激勵、獲得認同、發揮影響的3i說話術	克里斯多佛．威特	280
QB1075	**這樣圖解就對了！：**培養理解力、企畫力、傳達力的20堂圖解課	久恆啟一	350
QB1076X	**策略思考：**建立自我獨特的insight，讓你發現前所未見的策略模式	御立尚資	360
QB1078	**讓顧客主動推薦你：** 從陌生到狂推的社群行銷7步驟	約翰．詹區	350
QB1079	**超級業務員特訓班：**2200家企業都在用的「業務可視化」大公開！	長尾一洋	300
QB1080	**從負責到當責：** 我還能做些什麼，把事情做對、做好？	羅傑．康納斯、 湯姆．史密斯	380
QB1081	**兔子，我要你更優秀！：** 如何溝通、對話、讓他變得自信又成功	伊藤守	280
QB1082X	**論點思考：**找到問題的源頭，才能解決正確的問題	內田和成	360
QB1083	**給設計以靈魂：**當現代設計遇見傳統工藝	喜多俊之	350

經濟新潮社　〈經營管理系列〉

書　號	書　　名	作　　者	定價
QB1084	**關懷的力量**	米爾頓・梅洛夫	250
QB1085	**上下管理，讓你更成功！：**懂部屬想什麼、老闆要什麼，勝出！	蘿貝塔・勤斯基・瑪圖森	350
QB1086	**服務可以很不一樣：**讓顧客見到你就開心，服務正是一種修練	羅珊・德西羅	320
QB1087	**為什麼你不再問「為什麼？」：**問「WHY？」讓問題更清楚、答案更明白	細谷 功	300
QB1088	**成功人生的焦點法則：**抓對重點，你就能贏回工作和人生！	布萊恩・崔西	300
QB1089	**做生意，要快狠準：**讓你秒殺成交的完美提案	馬克・喬那	280
QB1090X	**獵殺巨人：**十大商戰策略經典分析	史蒂芬・丹尼	350
QB1091	**溫伯格的軟體管理學：**擁抱變革（第4卷）	傑拉爾德・溫伯格	980
QB1092	**改造會議的技術**	宇井克己	280
QB1093	**放膽做決策：**一個經理人1000天的策略物語	三枝匡	350
QB1094	**開放式領導：**分享、參與、互動——從辦公室到塗鴉牆，善用社群的新思維	李夏琳	380
QB1095	**華頓商學院的高效談判學：**讓你成為最好的談判者！	理查・謝爾	400
QB1096	**麥肯錫教我的思考武器：**從邏輯思考到真正解決問題	安宅和人	320
QB1097	**我懂了！專案管理**（全新增訂版）	約瑟夫・希格尼	330
QB1098	**CURATION 策展的時代：**「串聯」的資訊革命已經開始！	佐佐木俊尚	330
QB1099	**新・注意力經濟**	艾德里安・奧特	350
QB1100	**Facilitation 引導學：**創造場域、高效溝通、討論架構化、形成共識，21世紀最重要的專業能力！	堀公俊	350
QB1101	**體驗經濟時代**（10週年修訂版）：人們正在追尋更多意義，更多感受	約瑟夫・派恩、詹姆斯・吉爾摩	420
QB1102	**最極致的服務最賺錢：**麗池卡登、寶格麗、迪士尼都知道，服務要有人情味，讓顧客有回家的感覺	李奧納多・英格雷利、麥卡・所羅門	330
QB1103	**輕鬆成交，業務一定要會的提問技術**	保羅・雀瑞	280

經濟新潮社　〈經營管理系列〉

書號	書名	作者	定價
QB1104	**不執著的生活工作術：**心理醫師教我的淡定人生魔法	香山理香	250
QB1105	**CQ文化智商：**全球化的人生、跨文化的職場——在地球村生活與工作的關鍵能力	大衛・湯瑪斯、克爾・印可森	360
QB1106	**爽快啊，人生！：**超熱血、拚第一、恨模仿、一定要幽默——HONDA創辦人本田宗一郎的履歷書	本田宗一郎	320
QB1107	**當責，從停止抱怨開始：**克服被害者心態，才能交出成果、達成目標！	羅傑・康納斯、湯瑪斯・史密斯、克雷格・希克曼	380
QB1108	**增強你的意志力：**教你實現目標、抗拒誘惑的成功心理學	羅伊・鮑梅斯特、約翰・堤爾尼	350
QB1109	**Big Data大數據的獲利模式：**圖解・案例・策略・實戰	城田真琴	360
QB1110	**華頓商學院教你活用數字做決策**	理查・蘭柏特	320
QB1111C	**V型復甦的經營：**只用二年，徹底改造一家公司！	三枝匡	500
QB1112	**如何衡量萬事萬物：**大數據時代，做好量化決策、分析的有效方法	道格拉斯・哈伯德	480
QB1113	**小主管出頭天：**30歲起一定要學會的無情決斷力	富山和彥	320

國家圖書館出版品預行編目資料

假說思考：培養邊做邊學的能力，讓你迅速解決問題／內田和成作；林慧如譯. -- 二版. -- 臺北市：經濟新潮社出版：家庭傳媒城邦分公司發行, 2014.04

面；　公分. --（經營管理；71）

ISBN 978-986-6031-50-2（平裝）

1. 思考

176.4　　103005264